Fábula, sexo y poder:
Teatro argentino al final del siglo XX

ROBERTO COSSA
Yepeto

EDUARDO ROVNER
Volvió una noche

LUCÍA LARAGIONE
Cocinando con Elisa

Selección, estudios y bibliografía a cargo de
GEORGE WOODYARD
University of Kansas

LATR Books
University of Kansas
Colección Antología Frank Dauster No. 1

Woodyard, George, ed.
Fábula, sexo y poder: Teatro argentino al final del siglo XX. Lawrence, KS: LATR Books, 2009. [Roberto Cossa, *Yepeto*; Eduardo Rovner, *Volvió una noche*; Lucía Laragione, *Cocinando con Elisa*] Selección, estudios y bibliografía a cargo de George Woodyard. [Colección Antología Frank Dauster No. 1]

ISBN 978-0-578-02201-7

LATR Books
Spanish and Portuguese
University of Kansas
Lawrence, Kansas 66045
Email: woodyard@ku.edu
www.latrbooks.org
Series Editor: George Woodyard

First printing, May 2009

Design and typesetting:
Pam LeRow, Digital Media Services
College of Liberal Arts and Sciences
University of Kansas

Printed in the US by:
Allen Press, Inc.
Lawrence, KS 66044

This series is made possible through a generous grant from the College of Liberal Arts and Sciences of the University of Kansas. Joe Steinmetz, Dean.

Contenido

LATR Books are published by the Department of Spanish and Portuguese, the University of Kansas, Lawrence, Kansas as an initiative to foster the distribution of texts and information about the theatre of Latin America both to an academic and a general public. The editors gratefully acknowledge permission from the playwrights to include their texts in this edition.

El teatro argentino al final del siglo XX

Cuando Frank Dauster, Leon Lyday y yo publicamos una antología del teatro hispanoamericano con Girol en 1979, Argentina y Chile se encontraban en las garras de dictaduras opresivas, y la caída del muro de Berlín ni siquiera podía soñarse. La América latina experimentaba una avalancha de creaciones colectivas y Brecht, por sus ideales políticos, era tal vez el autor extranjero más montado en el hemisferio. El objetivo de la antología actual (y de la serie de antologías y libros que la va a seguir) es revitalizar estas lecturas. Sobra observar que ha habido grandes cambios durante estos 30 años, aunque un elemento constante es la riqueza indudable del teatro latinoamericano. Osvaldo Pellettieri, el distinguido crítico teatral argentino, ha observado que el teatro es un proceso de continuidad y de cambio. Cada época conserva algo de las antecedentes, mientras otros creadores están involucrados en buscar nuevos senderos que correspondan a la realidad que ellos perciben. Esta dicotomía caracteriza bien al teatro de los años 1980 y 90, el enfoque de este tomo.

Si bien los años setenta marcaron una época difícil en Hispanoamérica, los años cincuenta y sesenta representaron un "boom" en el desarrollo del teatro. Durante esa época, las nuevas generaciones exploraron diversas técnicas y temáticas en búsqueda de una nueva concepción de la identidad hispanoamericana. Su tarea fue captar la realidad (sociopolítica, económica, estética) con un sentido de dedicación y compromiso con el arte teatral. Aprovechándose del metateatro y de la historia e indicando, a veces en gran detalle, sus preferencias sobre luces, sonidos y escenografía, esos autores señalaron sus inquietudes sobre la política y la economía, o simplemente sobre la condición humana, a sus públicos locales o nacionales. Paradójicamente, sus obras "nacionales" trascendieron sus fronteras políticas por llevar dentro de sí las características de un teatro universal. La época después de la segunda guerra mundial representó cierta estabilidad política y económica en los diferentes países.

La gran ruptura viene a principios de 1959 cuando Fidel Castro asume el poder de la pequeña isla de Cuba y rompe la frágil estabilidad que operaba.

Para Estados Unidos, la intervención marxista en Cuba marcó una amenaza intolerable, y la crisis de 1962 entre Kennedy y Krushchev, siguiendo de cerca la construcción de la Muralla de Berlín, señala el comienzo de un largo conflicto, a veces intensivo, entre los dos poderes mundiales. Los efectos sobre los países hispanoamericanos son dramáticos y para fines de los sesenta, dos tendencias importantes dejarán su impacto: el desarrollo de la creación colectiva y el ímpetu de los festivales internacionales. El año 1968, año del masacre de Tlatelolco en México, es particularmente significante: es el año del primer festival de Manizales (Colombia) y se celebran festivales en Costa Rica, México, Perú y otros países del hemisferio. Si bien se buscaba inspiración dentro de los valores locales o nacionales (en vez de mirar hacia Europa y Estados Unidos), había también una conscientización del público frente a los problemas socio-económico-políticos actuales. Si las obras anteriores no satisfacían las nuevas necesidades, los grupos teatrales respondían a estas circunstancias por un proceso de creación colectiva, invirtiendo la jerarquía tradicional del teatro. Los directores, actores y técnicos asumían una responsabilidad colectiva y totalizadora para los montajes. Es una época marcada por una fuerte politización del teatro siguiendo pautas marxistas. Muchos jóvenes estudian en la Unión Soviética, becados por el gobierno, y regresan a sus países respectivos no sólo hablando ruso u otro idioma eslávico sino empapados en técnicas y temáticas del Este. Es natural que la figura dominante de esta época viene a ser Bertolt Brecht con sus conceptos de enajenación, teatro épico y la incorporación de rótulos y la música. La música, en particular, convenía mucho a los grupos latinoamericanos que ya tenían una disposición fuerte a integrar la música nacional en sus propios montajes. Las tensiones entre Estados Unidos y la Unión Soviética seguían desarrollándose, con sus respectivas divisiones partidarias por toda la América latina.

Aunque las tres obras de esta colección se escribieron entre 1987 y 1994, en cierto sentido representan a tres "generaciones" por las carreras de sus respectivos autores. José Juan Arrom, el distinguido catedrático de Yale University, había proyectado, en su estudio primordial sobre las generaciones literarias de las Américas, el principio de un nuevo ciclo de ascendencia y originalidad a partir del año 1984. Si bien la época anterior se caracteriza por el desarrollo de la creación colectiva (la cual se sigue desarrollando), se nota una disposición durante estos años a regresar al texto de autor.

Los años recientes representan una época de enormes cambios en Latinoamérica. No han sido años fáciles respecto a la política y la economía. En Argentina, a partir de 1976, el país se encontró sumergido en una de sus peores épocas, la de la "guerra sucia," o "El Proceso de Reorganización Nacional," como lo llaman los argentinos. Un evento de importancia particular para el teatro fue el Teatro Abierto a partir de 1981, un experimento organizado por el dramaturgo argentino Osvaldo Dragún (1929-99), entre otros, como acto de solidaridad y resistencia frente a la opresión militar. La guerra de las Malvinas aceleró el colapso de la dictadura, pero las esperanzas que acompañaban la restauración de la democracia en 1983 se quedaron frustradas por el colapso económico después de la época menemista (2001). Sin embargo, es una época de gran creatividad. Una nueva generación, como la de Daniel Veronese, Rafael Spregelburd y Alejandro Tantanián, entre muchos, ha surgido con piezas y montajes novedosos. Veronese como co-director del Periférico de Objetos ha montado *Cámara Gesell y Circonegro*, entre otras y Spregelburd con *Destino de dos cosas o de tres* y *Raspando la cruz*. A veces colaboran todos entre sí en una obra como *La escala humana*. Estos montajes pertenecen a la categoría de teatro posmoderno, caracterizados por sus aspectos fragmentados, sus fines abiertos y el lenguaje paródico. Los directores Rubens Correa, Rubén Szuchmacher y Ricardo Bartís han tenido gran éxito con sus montajes, especialmente Bartís con obras como *Postales argentinas* y *El pecado que no se puede nombrar*, basadas en textos de Roberto Arlt. Varias mujeres encuentran su voz también durante esta época: Laura Yusem como directora de diversas piezas exitosas y un gran número de escritoras como Susana Torres Molina, Lucía Laragione, Susana Gutiérrez Posse y Cristina Escofet. Mientras tanto, muchos de los representantes de la generación anterior siguen escribiendo y estrenando, como Griselda Gambaro, Eduardo Pavlovsky o Ricardo Halac. A fin de cuentas, los problemas económicos de Argentina en años recientes, en vez de sofocar el movimiento teatral, parecen haberlo estimulado.

Si es verdad que estos años marcan una época de cambio y de continuidad, se encuentran textos basados en elementos del pasado, sacados de la historia, el folklore, los mitos, la música y las tradiciones nacionales. Al mismo tiempo, los autores (y los directores y grupos) son bastante eclécticos, siempre a la búsqueda de nuevas técnicas, muchas veces ambiciosas, para captar y transmitir la realidad que perciben. La influencia de los europeos Eugenio Barba y Heiner Müller paralela la influencia anterior de Antoine Artaud, Bertold Brecht o Jerzy Grotowski, pero filtrada por una perspectiva latinoamericana, variando desde las relaciones humanas a nuevas concepciones de la historia. En esta época posmodernista se ven marcadas preferencias por la ambigüedad deliberada de roles genéricos (femenino y masculino), y la homosexualidad ha encontrado su libre expresión en una nueva categoría de teatro gay. Se halla también una re-evaluación de la historia, tratando de desmitificar los héroes tradicionales o contemporáneos, mientras se aprovecha de una gran variedad de técnicas, incluyendo la parodia, kitsch y pastiche. Se incorporan aspectos de multi-media en los montajes, mez-clando géneros literarios y valiéndose de film, proyecciones y computadoras. Contrastando con las tendencias anteriores de ofrecer al público o al lector una solución a la problemática presentada, es intencional el concepto del final abierto, así obligando al participante a extraer sus propias conclusiones. A fin de cuentas, es bastante común la fragmentación de trama, estructura y personaje, o sea, los tres elementos primordiales de una pieza teatral.

Los autores incluidos aquí son autores consagrados en el teatro con muchos años de experiencia y decenas de obras escritas y montadas. Y, aun más impor-tante, las piezas incluidas aquí son reconocidas como obras canónicas del teatro argentino de nuestros tiempos. Uno puede declarar con entusiasmo que son obras capaces de trascender las limitaciones del tiempo y del espacio.

Las fábulas teatrales de Roberto Cossa

Se podría decir que Roberto Cossa es la figura céntrica de la generación teatral de la segunda mitad del siglo XX en la Argentina. Nacido en una familia porteña con un fuerte sentido de valores familiares, en un barrio étnicamente mezclado de Villa del Parque, Cossa comenzó estudios de medicina pero dejó el programa después de un año. La familia se mudó a San Isidro donde él se unió a un grupo local de teatro, el Teatro Independiente de San Isidro. Actuó y dirigió hasta darse cuenta de que su verdadera afición para el teatro se encontraba en escribir. Durante unos 45 años se ha dedicado al campo teatral. El mismo ha dicho que "me gustaría que me recordasen como un autor cuyos textos ayudaron a comprender nuestra realidad y nuestra irrealidad"(Poujol, 51).

Sintiendo la influencia especial de Arthur Miller y Antón Chejov, Cossa comenzó escribiendo piezas que ponían de manifiesto sus inquietudes sobre la vida y la sociedad de su país. En particular, le preocupaba la naturaleza errática de sus compatriotas y su aparente incapacidad de gobernarse. A finales de la Segunda Guerra Mundial, Argentina, en buenas condiciones económicas, parecía bien orientada para figurar entre las naciones más ricas y poderosas del mundo. Desafortunadamente la trayectoria ha sido otra, con la caída del sistema económico en 2002 y las graves consecuencias de este hecho para su población.

Las obras de Roberto Cossa reflejan la problemática producida por las grandes oleadas de inmigrantes, entre ellos sus propios antecesores de Italia. Con la inmigración hubo dos factores fundamentales: uno fue la tendencia de pensar en el regreso "previa fortuna hecha en América" a la tierra nativa (es decir, a Europa); el otro fue el crecimiento económico posible donde el acceso relativamente fácil a puestos profesionales (médicos, abogados, ingenieros, etc.) creó la ilusión de una sostenible prosperidad. Como resultado, los personajes de Cossa muchas veces intentan disfrazar o evitar la realidad que los incomoda.. Son, francamente, personajes de un carácter mediocre, una lección bien aprendida en *La muerte de un viajante* de Arthur Miller.

En 1964 Cossa estrena *Nuestro fin de semana*, primera obra que prefigura los parámetros de todo su teatro realista. Los personajes de esta pieza, que son muy creíbles, revelan, durante un fin de semana supuestamente feliz en el campo, su angustia, frustración y desesperanza frente a la inseguridad económica de su época, la limitación sobre sus oportunidades, y la añoranza de tiempos anteriores más seguros. La pieza fue un éxito instantáneo e indicó el tremendo talento de este joven escritor que percibía la gran dicotomía entre las esperanzas de generaciones anteriores en contraste con una realidad agobiante del momento. Durante la década Cossa seguía estrenando: *Los días de Julián Bisbal* y *La ñata contra el libro* en 1966, y, *La pata de la sota* en 1967.

Creemos no equivocarnos al afirmar que, si la década de los sesenta en Argentina fue mala, lo que pasó en los 70 fue peor. En 1970 Cossa colabora con Germán Rozenmacher, Carlos Somigliana y Ricardo Talesnik en la composición de *El avión negro*. Esta pieza anticipa el regreso de Juan Perón de su exilio en España, proyectando "un nuevo 17" para celebrar el día de la toma de poder por Perón. (El 17 de octubre de 1945 se produjo en Buenos Aires un importante fenómeno social ya que se congregaron en la Plaza de Mayo un amplio sector de la ciudadanía para exigir a las autoridades argentinas la libertad de Juan D. Perón que se encontraba arrestado en la isla Martín García.) Aprovechándose de técnicas episódicas, los cuatro autores presentan doce secuencias con una gran variedad de actitudes peronistas: la burguesía materialista, los profesionales reaccionarios, los clérigos retóricos, los revolucionarios antiguos. El regreso de Perón en 1973 resultó desastroso; cuando al año siguiente muere de cáncer, su esposa y vice-presidente Isabel Martínez ("Isabelita") asume el poder. El deterioro de las condiciones civiles es usado por los militares para justificar un golpe de estado en 1976, llevando a un régimen de terror en Argentina. Esta época de la llamada "Guerra Sucia," (o el "Proceso" [de Reorganización Nacional], como la llaman los argentinos), deja un saldo de treinta mil muertos o desaparecidos, así como cicatrices profundas en la conciencia de la nación.

En 1977 Cossa escribe *La nona*, tal vez su obra más representada y mejor conocida, sobre una anciana (una abuela de 100 años) que come todo lo que encuentra a su alrededor. Como representación metafórica de una sociedad venida a menos, La Nona con su apetito voraz significa la aniquilación de todo; la familia, en vez de buscar soluciones realistas, se refugia en evasivas. Al final, todos menos La Nona se han ido o se han muerto, mientras ella sigue tan exigente como siempre. La obra se vale de las técnicas de lo grotesco y del absurdo teñido de humor negro. Cuando Eduardo Rovner en el año 2001 preparó una versión musical, Osvaldo Quiroga, un comentarista de televisión (canal 7) observó: "Si quiere saber lo que pasa en la Argentina, vaya a ver *La Nona*."

En los años 80, el teatro de Cossa entra una nueva fase con obras más abiertamente políticas. El experimento de Teatro Abierto 1981, impulsado por Osvaldo Dragún y el mismo Cossa como un acto contestatario al poder militar, presentó 21 obras de diferentes autores. La pieza de Cossa fue *Gris de ausencia* con su temática de la diáspora argentina contada en clave de humor aunque con tintes patéticos. El mensaje implícito es que las vicisitudes del sistema político-económico de Argentina son la principal causa de la fragmentación del núcleo familia. En pocos años Cossa escribe *Ya nadie recuerda a Frederic Chopin, El tío loco* y *De pies y manos*. Su pieza *Yepeto*, que comentaremos a continuación, es de 1987. De la misma época son *El sur y después, Angelito* y *Los compadritos*. Esta última es una pieza basada en un episodio histórico de 1939 cuando se hundió el submarino alemán Graf Spee cerca de la costa uruguaya. La interacción de los rioplatenses con dos sobrevivientes alemanes ayuda a documentar una visión de oportunismo social y político. Todos se ven dispuestos a renunciar a sus principios morales por cualquier ventaja materialista o psicológica que puedan adquirir. Esta versión dramática de un episodio histórico muestra la actitud crítica de Cossa frente a cuestiones que ponen en duda la integridad del individuo en sociedad. De la misma década es una nueva adaptación del *Tartuffe* de Molière, una versión hecha con ciertas libertades poéticas. Las implicaciones metafóricas de hipocresía, codicia y falsedad logran trascender tiempo y espacio para dejar huellas del sufrimiento humano, dondequiera que ocurran.

En los años noventa Cossa mantiene su ritmo normal de producción. De 1993 es *Lejos de aquí*, una obra escrita en colaboración con Mauricio Kartun con resonancias de *Gris de ausencia*. La idea básica tiene cierto sentido de frustración y marginalidad que se manifiesta entre los cinco personajes que dramatizan sus frustraciones y sus fantasías sobre otros tiempos y espacios. Del año siguiente es *Viejos conocidos*, otra pieza en tono político pero con un nuevo lenguaje que linda a veces con lo surreal. Partiendo de la época del presidente Rivadavia y enfocando la problemática de los latifundistas cuyos intereses distorsionaron el proceso político y económico de Argentina, la pieza testimonia la originalidad de Cossa en buscar siempre nuevas fórmulas para interpretar el pasado. Al final de la década *El saludador*, cuyo personaje central es un viajante oportunista que después de múltiples viajes regresa a casa cada vez más mutilado, permite otra perspectiva sobre las lacras en la sociedad argentina.

Cossa sigue tan involucrado como siempre en el ámbito teatral de su querido Buenos Aires, donde escoge cada oportunidad para exponer los vicios del sistema. Sus piezas dejan al lector/espectador con la impresión innegable que sus correligionarios son incapaces de crear un sistema de gobierno que sirva al bienestar general debido a su hipocresía, a la corrupción y por anteponer sus propios intereses a los del país. Las situaciones iniciales que crea Cossa son mayormente realistas, lo cual no impide que en ellas aparezcan rupturas espaciales y temporales ni que tengan brotes de cierto humor negro. Escribe sobre lo que él conoce más íntimamente, es decir, el estilo de vida porteño de la clase media con todo su apego al tango, en un ambiente en el que se come y se bebe en exceso. En casi todas las piezas el lector percibe un gran sentido de nostalgia por el tiempo pasado mejor, y al mismo tiempo, un gran sentido de frustración por lo que es Argentina en contraste con lo que pudo haber sido.

Respecto a la obra incluida en este tomo, *Yepeto*, sin ser una de sus obras más abiertamente políticas, tiene que ser considerada su obra más compleja hasta ahora. Se presenta aquí un caso intrigante de intertextualidad literaria con un enfoque en las interrelaciones del arte, la música, la literatura y el teatro. El título mismo hace eco de la novela *Pinocchio* del escritor italiano del siglo XIX, Carlo Lorenzini, alias Collodi. Basada en la fórmula antigua del triángulo amoroso, la pieza se centra en la competencia entre dos hombres por el amor de una mujer. Un estudiante joven y atleta, Antonio, acusa al profesor cincuentón de seducir a su amante, quien es a la vez estudiante del profesor. Cecilia nunca aparece aunque es la catalizadora de la acción. Lo complicado de la historia es que el profesor también escribe una novela sobre una mujer joven que está involucrada en un triángulo amoroso, que se siente atraída intelectualmente a su tutor y físicamente a un joven teniente de los húsares. Dentro de la novela aparecen referencias a otros triángulos famosos: Otello, Desdémona e Iago de Shakespeare así como Jean Valjean, Cosette y Mario de Victor Hugo. Al final, el profesor comenta con gran sarcasmo, "Me cago en la literatura," una indicación de su desesperación en crear una historia o en identificar una relación feliz para sí misma.

La figura ausente, una técnica bien establecida en el teatro argentino (uno piensa en *El señor Galíndez* (1973) de Eduardo Pavlovsky, por ejemplo), es clave a la obra y confirma los conceptos del poder. Cecilia funciona como títere entre los dos hombres, a veces una víctima de sus deseos eróticos, a veces una manipuladora de la fórmula. Hay que desconstruir lo que dicen los dos sobre ella, porque ella existe sólo como proyección de sus personalidades. Los cambios internos de tono y perspectiva dan cauce al ritmo de la pieza hacia un *pas de deux* dramático. Cuando el profesor es revelado como "Gepeto," el titiritero/creador, se siente vulnerable frente a los insultos de Antonio. Para el profesor es la ignominia completa, indicando que lo creado ha alcanzado el mismo nivel como el creador.

En su totalidad la pieza presenta la imagen de un hombre desilusionado por sus años, que ve menguada su capacidad como escritor, amante y ser humano. La insistencia en la juventud, que para él es igual a la creatividad, es la clave de su angustia. A lo largo de la pieza, el concepto central es el control. El profesor intenta controlar sus creaciones, es decir, Cecilia y hasta cierto punto a Antonio. El control, o la falta de control, motiva la obra, dándole dimensiones sociales semejantes a las que se ven en el Pinocchio original. Las referencias ocasionales a las Malvinas sólo subrayan la importancia del control que ejerce una sociedad. (Cuando los generales argentinos sentían la pérdida de control de su situación en 1982, armaron una guerra con Inglaterra en las Malvinas como táctica de distracción. No anticiparon, obviamente, la reacción rápida y fatal de parte del Reino Unido.) Una de las aportaciones de esta pieza es la sutileza con la que Cossa maneja la construcción intertextual para comentar problemas fundamentalmente humanos mientras alude a la situación socio-política de Argentina. Por la riqueza extraordinaria de sus múltiples y complicadas facetas, *Yepeto* merece considerarse una de las obras maestras de Cossa y del teatro argentino.

Roberto Cossa sigue tan involucrado como siempre en la vida teatral de su ciudad amada. En 2009 recibió en Las Palmas, de la isla Gran Canaria, el Premio Hispanoamericano a las Artes Escénicas, uno de los Premios Max al Teatro que entrega la Sociedad de Autores y Editores Españoles. La institución se asemeja a Argentores en Buenos Aires que Cossa mismo preside desde 2007. En años recientes ha hecho varias adaptaciones y colaboraciones, y en 2009 estrena en el Teatro del Pueblo *Cuestión de principios*, con dirección de Hugo Urquijo.

Puesta en escena en Buenos Aires

Yepeto

Roberto Cossa

PERSONAJES

PROFESOR
ANTONIO

Yepeto se estrenó en Buenos Aires el 2 de octubre de 1987 en el Teatro Lorange con el siguiente reparto:

PROFESOR	Ulises Dumont
ANTONIO	Darío Grandinetti
MUJER	Gabriela Flores
MÚSICA	Jorge Valcárcel
ESCENOGRAFÍA	Marcela Polischer
ASISTENCIA	Tito Otero
DIRECCIÓN	Omar Grasso

La acción transcurre, alternativamente, en el departamento del profesor y en un bar cualquiera de Buenos Aires, pero los ámbitos están apenas sugeridos. Para el departamento del profesor basta una cama y una mesita de luz cargada de cajas y frascos de remedios. Hay, además, una pequeña biblioteca y libros desparramados por la cama y el suelo. El bar está indicado por una mesa redonda y dos sillas "thonet," lo que indica que se trata de uno de los pocos cafés antiguos que superviven en la ciudad. Los pocos elementos pueden servir para uno y otro ambiente, de acuerdo con las necesidades de los personajes.

Cuando las luces conectan al espectador con el escenario están los dos personajes en actitud diametralmente opuesta. El profesor es un hombre de algo más de cincuenta años. No es necesario que tenga la clásica figura del intelectual. Más bien parece un tipo de barrio y, quizás, un ex-futbolista. Físicamente representa la edad que tiene pero cuando habla y actúa parece unos años menor. Está tirado en la cama, escribiendo a mano en un cuaderno, con sus anteojitos para ver de cerca calados en la punta de la nariz. Antonio está sentado en la mesa del bar bebiendo continuamente ginebra. Es un joven de veinte años que está a punto de explotar. Viste un atuendo deportivo y a sus pies descansa un bolso ajado por el uso. Tiene un rostro sensible e inteligente, pero con una expresión que, a primera vista, hace presumir un tipo violento. En realidad, no es más que un chico acorralado, con una gran irritación.

Durante un instante, el espectador tendrá ante sí estas dos imágenes contrapuestas, hasta que el profesor, luego de leer lo que está escribiendo, dice para sí:

PROFESOR: Que el tutor esté enamorado de Julio, está claro.... Ella es muy joven... hermosa.... ¿Pero qué es lo que a Julia le atrae del tutor? ¿Nada más que la inteligencia? Desea físicamente al teniente de húsares, pero se siente atraída intelectualmente por el viejo tutor. (*Piensa.*) Es muy convencional.
(*Arranca la hoja, la estruja y la tira al suelo. Vuelve a escribir.*)
(*Antonio, ajeno al profesor, ha estado bebiendo hasta que estalla.*)
ANTONIO: (*Con violencia contenida.*) ¡Déjela tranquila a Cecilia, viejo degenerado! ¡O le rompo el alma a patadas!
(*El profesor, destinatario de la agresión, deja de escribir, se quita los anteojos y dice tranquilamente.*)
PROFESOR: Me parece una conversación desagradable.

(*En toda la escena siguiente el profesor se levanta de la cama y practicará todas las acciones de quien se prepara para salir.*)

ANTONIO: ¿Por qué le dice las cosas que le dice?

PROFESOR: (*Mientras se cepilla los dientes.*) No quiero mantener una conversación en ese tono. Si querés hablar, hablamos. Dijiste que querías hablar conmigo. (*Mientras el profesor continúa con sus preparativos Antonio lo observa.*)

ANTONIO: (*Con tono de comprobación.*) ¡Es un viejo! Cecilia me dijo: "Es un hombre grande." Pero es un viejo.

PROFESOR: Depende para qué. A mi edad Thomas Mann escribió "La montaña mágica." Goya pintó "Los fusilamientos" y Tchaikovsky compuso la sinfonía "Patética." Y Bach tuvo hijos. Así que para *eso* también estoy en edad. (*El profesor está en calzoncillos, poniéndose los pantalones. Antonio vuelve a observarlo.*)

ANTONIO: No la entiendo a Cecilia.... Se puede ser viejo, pero tener pinta.

PROFESOR: Nunca recibí tantos elogios juntos. Viejo y viejo de mierda al mismo tiempo. (*El profesor seguirá vistiéndose.*)

ANTONIO: ¿Pero no se da cuenta que es una nena?

PROFESOR: Supongo que si está en la universidad, es mayorcita. La ley me protege.

ANTONIO: ¡Tiene diecisiete años! Y usted lo sabe. Ella se lo dijo el día que se fueron a caminar por los bosques de Palermo.

PROFESOR: ¿Por los bosques de Palermo?

ANTONIO: Usted le preguntó: "¿Qué edad tenés?" Ella le dijo: "Diecisiete." Y usted le dijo: "¿No te da vergüenza?" A ella le pareció muy gracioso.

PROFESOR: Tener diecisiete años es casi una obscenidad.

ANTONIO: (*Amenazante.*) ¡Lo único que le digo es que la deje tranquila!

PROFESOR: ¡Bueno, basta! Cuando me llamaste por teléfono dijiste que querías hablar conmigo. ¡Hablar!

ANTONIO: ¿Sabe de qué tengo ganas ahora? ¡De pegarle una trompada!

PROFESOR: ¿Y por qué no me pegás?

ANTONIO: Porque es un viejo.

PROFESOR: Eso es una ventaja. Espero que el año que viene ya me empiecen a dar el asiento en los colectivos.

ANTONIO: ¿La va a dejar tranquila?

PROFESOR: Insisto en que se trata de una conversación desagradable. Cecilia es una alumna que tiene ganas de charlar con su profesor. Eso es todo. ¡Pero, de pronto, aparece Otelo dispuesto a clavar su daga en el cuello de un inocente que sólo desea que Desdémona entienda, de una vez por todas, que la literatura es un arte cuyo único secreto está en que la palabra alcance la estatura de la imagen! Entre paréntesis.... ¿Sabés quiénes fueron Otelo, Yago y Desdémona?

(*Antonio se toma su tiempo para decir.*)

ANTONIO: Usted se la quiere coger.

PROFESOR: (*Después de recibir el impacto, recupera su humor.*) ¡Ah, por supuesto! ¿Qué hombre de mi edad, con sus hormonas en condiciones, rechazaría acostarse con una joven de diecisiete años? Yo tengo seis cursos.... En total.... (*Calcula.*) Más de sesenta mujercitas menores de veinte años. Te diré que, salvo tres o cuatro, no rechazaría a ninguna.

ANTONIO: ¡Usted es un viejo degenerado!

PROFESOR: (*Mantiene su tono burlón.*) ¡Pero con algunos principios! (*Cambia el tono, para demostrar que habla en serio.*) Jamás me acuesto con mis alumnas. (*Recupera su estilo irónico.*) Ahora... una vez que se gradúan.... Conozco el caso de algunas alumnas que terminaron su carrera con el único propósito de conocer mi cama. ¡No sabés lo que es mi casa la semana siguiente a la finalización de los cursos! ¡Un desfile! (*A partir de aquí mimará el relato.*) Suena el timbre.... ¿Señorita? "Soy licenciada en letras." ¿Su diploma? ¡Muy bien! ¡A la cama! (*Le habla confidencialmente.*) Es más.... Yo reprobé a Simone De Beauvoir porque pensé.... "Esta vieja fulera estudia letras para poder acostarse conmigo." ¿Sabés quién fue Simone De Beauvoir?

ANTONIO: No.

PROFESOR: Lo lamento. Te perdiste un buen chiste.

(*El profesor se sigue preparando para salir. Antonio no deja de mirarlo.*)

ANTONIO: En la foto parecía más joven.

PROFESOR: ¿Qué foto?

ANTONIO: La que salió en el diario.

PROFESOR: (*Simula no recordar.*) ¿Qué diario?

ANTONIO: La vez pasada.... ¡Que se hablaba de usted! Cecilia me la mostró.

PROFESOR: (*Miente.*) ¿En el diario....?

ANTONIO: Recortó el artículo y lo lleva en el cuaderno. Se la pasa mirando su foto.

PROFESOR: ¿Pero qué foto?

ANTONIO: Esta. (*Señala una foto pegada en la pared.*)

PROFESOR: ¡Ah....! ¡Pobre Cecilia! Cree en el prestigio de los suplementos literarios. Es muy ingenua.

ANTONIO: Cuando vi la foto se lo dije. No es tan viejo.

PROFESOR: Es una foto de archivo. En esa época todavía no me orinaba encima. Y tenía más pelo.

(*Se hace una pausa. El profesor toma un remedio y se sirve una taza de té. Antonio sigue bebiendo ginebra. Al final dice.*)

ANTONIO: Cecilia dice siempre que usted es muy seductor. No la entiendo.

PROFESOR: Ah.... No pretendas entender nunca a una mujer. No lo vas a conseguir. Mi primera esposa me dijo un día: "Quiero tomar un helado en Plaza Francia." Yo no tenía muchas ganas, pero.... ¡bue! ¡Fuimos a tomar un helado en Plaza Francia. Estábamos tomando el helado y, de pronto, se puso a llorar. "¿Pero qué te pasa? ¿Por qué llorás?" "Porque vos no me comprendés." "¿Pero, por qué. Qué te hice?" "¿Como no te diste cuenta que lo que yo quería era tomar un café en San Telmo?" Nos separamos, por supuesto. Mi segunda mujer, me dijo un día.... "Quiero tomar un helado en Plaza Francia." A esa altura, te imaginás, yo era un hombre de experiencia. Le dije: "Bueno." Agarré el auto y.... (*Hace gesto de andar.*) Cuando vió que cruzábamos Independencia se empezó a poner inquieta. "¿A dónde me llevás?" "Esto no es Plaza Francia." (*Compone a un duro.*) "Yo sé lo que a vos te gusta." La bajé del auto a cachetazos y la metí en un bar de San Telmo. Pedí dos cafés. Ella empezó a tirar sillas contra la pared... rompió dos espejos... arañó a cuatro mozos, mientras gritaba: "¡Quiero tomar un helado en Plaza Francia!" Así terminó mi segundo matrimonio.... Con las mujeres hay dos momentos maravillosos: el primero cuando las tenés encima y el segundo cuando te las sacás de encima. (*Coloca la taza de té sobre la mesa y se sienta frente a Antonio que sigue muy tenso y bebe con ansiedad.*) Calmate.

ANTONIO: (*Se afloja.*) Quiero pedirle perdón por lo que le dije.

PROFESOR: A mi edad, viejo degenerado suena casi a un elogio. No hubiera soportado que me dijeras viejo aburrido.

(*Pausa.*)

PROFESOR: ¿Cómo te llamás?

ANTONIO: Antonio.

PROFESOR: Como Machado.

ANTONIO: ¿Cómo quién?

(*El profesor sonríe irónicamente, Antonio registra el gesto y reacciona agresivo.*)

ANTONIO: No. Como Alzamendi.

PROFESOR: ¿El puntero de River....? ¿El uruguayo? A mí me gustaba cuando jugaba en Independiente, pero ya no tiene la misma velocidad de antes. (*Antonio recibe el impacto. No esperaba que este intelectual supiera también de fútbol. El profesor lo advierte y dirá con la misma pedantería.*) ¿Qué te extraña? Siempre les digo a mis alumnos que vean fútbol. Es un espectáculo hermoso.

(*Antonio no responde.*) Hay un tiempo para Shakespeare... otro tiempo para Bach... y otro para Pelé. ¿Sabés quién era Pelé?

ANTONIO: No me cargue más.

PROFESOR: La vez pasada dije en una clase que el mayor placer que puede vivir el hombre contemporáneo es ver el gol que Maradona le hizo a los ingleses.... Pero las cien mil personas no gritan "gol." Corean, armónicamente, el Canto a la Alegría de la novena sinfonía de Beethoven. (*Corea la Novena Sinfonía diciendo gol, gol, gol.*) ¡Un orgasmo intelectual! (*El profesor, muy satisfecho consigo mismo, saca una cápsula y la bebe con el té. Antonio no le saca los ojos de encima, hasta que dice:*)

ANTONIO: ¿La va a dejar tranquila?

PROFESOR: ¿Qué querés decir?

ANTONIO: (*Se altera.*) Que no la joda. Que no la busque más. Que no la lleve a pasear por los bosques de Palermo.

PROFESOR: ¡Y dale con los bosques de Palermo! ¿Acaso Sócrates no le enseñaba a sus alumnos caminando por los jardines de Atenas?

ANTONIO: Eso es lo que usted le dijo para llevársela a los bosques de Palermo. (*El profesor queda descolocado, pero mantiene su gesto irónico. Antonio insiste.*)

ANTONIO: Cecilia me lo contó. Que usted le dijo: vamos a caminar por los bosques de Palermo. Como Sócrates.

PROFESOR: Y si....

ANTONIO: Y después le contó que Sócrates fue condenado por pervertir a la juventud.

PROFESOR: ¡Es un hecho histórico! (*Por primera vez pierde su postura.*) ¡Pero qué situación desagradable! ¿Qué es esto? Un jovencito me viene a mi casa... primero me insulta... después me invita a tomar un café para charlar.... Y termina diciéndome que trato de seducir a su noviecita. Una muchacha que, por otra parte, sabe lo que quiere.

ANTONIO: (*Explota.*) ¡No sabe lo que quiere! Está confundida.

PROFESOR: De última... ¡es una alumna! Es mi responsabilidad. Esa chica tiene talento. Pero va a tener que trabajar en serio.

ANTONIO: Cuando empezaron las clases me dijo que usted la miraba mucho.

PROFESOR: ¡Pero no te digo! Esa chica tiene algo. Oíme... estoy cansado de darle clases a chiquilines mediocres.... Uno se pregunta para qué mierda se dedican a la literatura.

ANTONIO: Y cuando charlaron en el tren...

PROFESOR: (*Le resta importancia.*) Ah, sí.... Nos encontramos de casualidad.

ANTONIO: Cecilia me contó que usted iba para el centro y ella para Pilar, a la casa de la tía. Que le dijo desde el andén de enfrente que lo esperara.... Usted cruzó las vías.

PROFESOR: ¿Cómo que crucé las vías? ¿Qué? ¿Voy a hacer un papelón delante de todo el mundo? Crucé el andén como se debe cruzar.

ANTONIO: (*Obcecado.*) Pero cruzó el andén.

PROFESOR: ¡Y sí! Tenía que hacer tiempo. Me daba lo mismo ir al centro que ir a Pilar.

ANTONIO: Cuando me lo contó, le dije: te quiere coger. (*El profesor va a protestar. Antonio sigue y dice, como si le hablara a Cecilia:*) Escuchame... un tipo que se cruza la vía....

PROFESOR: ¡No crucé la vía!

ANTONIO: Que se cruza el andén... a la edad de él....

PROFESOR: (*Explota.*) ¡Qué tiene que ver la edad! Hay viejos de ochenta... y pibes de quince... ¡y se la pasan de un andén a otro!

ANTONIO: (*Insiste.*) Lo que yo le explicaba a Cecilia... Un tipo como él... un profesor... un escritor... que tiene miles de cosas que hacer... Está en el andén de enfrente... Te ve. Se cruza... y se va hasta Pilar... ¡Dejame de joder! ¿Para qué? ¿Para hablarte de literatura?

PROFESOR: Y sí. Hablamos de literatura.

ANTONIO: (*Sigue en lo suyo.*) ¡Ese tipo te quiere coger! Después te invita a caminar por los bosques de Palermo....

PROFESOR: ¡Y dale con los bosques de Palermo! Ya te lo expliqué.

ANTONIO: ¿Qué está buscando? ¡Te quiere coger! Y se lo dije: acostate con él.

PROFESOR: (*Recupesra su tono cínico.*) No sería mala idea. Pero ya te dije: jamás me acuesto con mis alumnas. Es una cuestión de principios. (*El profesor comenzará a desprenderse del bar. Toma la taza de té y la coloca sobre la mesita de luz. Ingiere un remedio y se tira en la cama. Saca un cuaderno y se pone a escribir. Al mismo tiempo dice:*) Eso sí: hacé esfuerzos para que no se gradúe.

ANTONIO: (*Con dolor.*) Yo la amo, profesor. Y no quiero perderla.

PROFESOR: No seas convencional. (*El profesor ya está acostado escribiendo. Antonio bebe. Se hace una pausa, hasta que Antonio toma una decisión. Sale del bar y se queda parado un instante frente a la cama del profesor que sigue escribiendo. Finalmente, el profesor deja a un costado el cuaderno y dice:*) Pasá y sentate. (*Antonio toma la silla del bar, la acerca a la cama y se sienta. El profesor sigue escribiendo.*)

ANTONIO: Lo interrumpí.

PROFESOR: (*Deja el cuaderno a un costado.*) Está bien. (*Echa gotas de un remedio en un vaso.*)

ANTONIO: Lo siento.

PROFESOR: No importa.

ANTONIO: Justo estaba escribiendo.

PROFESOR: Y te lo agradezco. Me aburre escribir. (*Antonio hace un gesto de incredulidad.*) ¡En serio! ¡No sabés que alivio cuando alguien me interrumpe! ¡Y lo que me cuesta, a veces, encontrar una excusa para no escribir! ¡Te agradezco que hayas venido! (*El profesor bebe el remedio. Antonio lo mira.*)

ANTONIO: En serio. No quise interrumpirlo.

PROFESOR: (*Le grita.*) ¡Y yo te lo agradezco! ¡Me aburre escribir! ¡Porque soy un escritor aburrido! ¡Y el primero que se aburre soy yo! Imaginate los lectores.... (*Breve pausa.*) Me divierte la idea que la gente tiene de los escritores. Influencia del cine norteamericano. ¿No viste esas películas? ¡Dostoiewsky! Escribe... escribe... sufre... se caga de frío.... Pasan las carillas... pasan las carillas.... ¡En cinco minutos se escribió "Crimen y castigo"! ¡Y claro! No se podía interrumpirlo. Si alguien golpeaba la puerta en el momento en que Raskolnikov iba a matar a la vieja.... No había crimen... y entonces Dostoiewsky hubiera escrito una novela titulada "La tranquila vida del señor Raskolnikov." Y nos perdíamos uno de los monumentos de la literatura. (*Mira a Antonio.*) ¿Entendiste? (*Antonio hace un gesto de aceptación.*) Cecilia se hubiera reído a carcajadas. Esa chica me entiende. (*Transición.*) Ah, te aclaro. No me acosté con ella. Ni siquiera pude hablarle. Hace una semana que no viene a mis clases.

ANTONIO: Por eso quería hablarle. (*Se produce una pausa creada por el tiempo que se toma Antonio para hablar. Pedirá permiso para servirse una ginebra de la botella que está en la mesa del bar. Luego dirá:*) Cecilia estuvo muy mal. Quería dejar las clases. (*El profesor lo mira.*) Sus clases.

PROFESOR: (*Amenazante.*) Sos vos el que no quiere que venga a mis clases....

ANTONIO: (*Se encrespa.*) ¡Eso no es cierto!

PROFESOR: ¿No te das cuenta que para ella es muy importante....? Como escritora....

ANTONIO: (*Se impone.*) ¡No es cierto! ¿Quiere que le diga una cosa? ¡Estuvimos dos días hablando....! ¡Dos días sin parar! ¡Y no le estoy exagerando! Desde el miércoles a las dos de la tarde hasta el viernes al mediodía.

PROFESOR: A tu edad yo era capaz de estar dos días....

ANTONIO: (*Se impone.*) Ella me dijo que quería dejar sus clases. Así empezó todo. Yo le dije que no. ¡Que nos iba a joder! (*Se altera.*) ¿No se da cuenta que yo quiero lo mejor para ella?

PROFESOR: No creo en la bondad. Y menos en la tuya. (*Antonio bebe. Se hace una pausa.*) ¿Va a volver a las clases? (*Antonio asiente. El profesor, abstraído, se sirve ginebra y alza la copa hacia Antonio.*) Por el amor de los jóvenes. (*Bebe. Mira a Antonio.*) Cuarenta y ocho horas.... (*Sabiendo que no es así.*) ¿Qué? ¿Se recorrieron todos los bares de Buenos Aires?

ANTONIO: Un amigo me prestó el departamento. Se va de viaje. Pero fue muy hermoso. Es la primera vez que toco fondo con alguien.

PROFESOR: Nunca vas a tocar fondo con nadie, salvo que quieras conocer el infierno. ¿Leíste a Sartre? (*Antonio niega.*) Era mi escritor preferido cuando tenía tu edad. (*Le aclara.*) Un escritor de este siglo, ¿eh? (*Antonio sonríe.*) No te creas.... Siempre pienso que uno de estos días algún alumno me va a preguntar si conocí personalmente a José Hernández. (*Antonio ríe francamente.*) ¿Te reís? El año pasado una alumna, una enana miserable, me preguntó si había conocido a Roberto Arlt. (*Como se le hablara a la alumna.*) ¡Nena....! Roberto Arlt murió en 1942.

ANTONIO: El año que nació mi viejo. Pero usted parece mayor que él.

PROFESOR: (*Se pone mal.*) Yo soy mayor que todos.

ANTONIO: Digo.... Pudo haberlo conocido.

PROFESOR: (*Se va cargando.*) ¡Lo conocí! Yo salía del colegio con un globo en la mano y Roberto Arlt me lo hizo explotar con un cigarrillo. Yo me puse a llorar y Roberto Arlt salió corriendo mientras gritaba: "Ya tengo la idea para el 'Juguete Rabioso'." (*Antonio ríe francamente. El profesor bebe. La risa de Antonio lo afloja. Toma el cuaderno y hace una anotación. Le aclara:*) Me puede servir para un cuento. (*El profesor se queda un instante mirando al joven.*) Me caés bien. Y es raro, porque los jóvenes me rompen las pelotas.

ANTONIO: (*Insinuante.*) Pero las jóvenes, no.

PROFESOR: Las jóvenes también me rompen las pelotas. Sólo que con las lindas soy más tolerante. La vez pasada vino a verme una ex alumna... Hermoso mujer.... Un poco vieja.... Veintisiete años.... (*Antonio comenzará a divertirse.*) Bueno... estábamos en la cama, a punto ya de.... Y no va y me dice: "Quiero recorrer la geografía de tu piel" (*Explota.*) ¡Ah, no! ¡Cursilerías, no! ¡No pude! ¡La eché! Y estaba muy buena. Pero si la dejaba me iba a decir: "penétrame," "hazme tuya," "correteemos desnudos por las verdes colinas de Yonshire." ¡Un disparate! (*Antonio ríe a carcajadas. Esto estimula al profesor.*) Y tendría que haberme dado cuenta. ¡Pero soy un pelotudo! Porque me trajo un cuento.... ¡No sabés! (*Falsamente lloroso.*) ¡Cómo se puede escribir "cual la salida del sol"! ¡"Cual la salida del sol"! Se lo dije: "Es como vender choripanes en la Capilla Sixtina mientras tocan 'El Mesías' de Haëndel" (*Antonio lanza otra carcajada. El profesor bebe satisfecho por el efecto del cuento. Admite.*) Fue una frase feliz. Ella también se rió. Como vos. Inclusive, ahí empezó todo. Porque, como ella se rió... yo la abracé y.... El humor es una buena estrategia. Afloja. Es permisivo, ¿entendés? (*Antonio lo mira sin entender.*) Quiero decir.... Vos a una mujer no le podés decir brutalmente, ¡vamos a la cama!

ANTONIO: ¿Por qué no?

PROFESOR: ¿¡Cómo por qué!? Porque no es manera. ¿Cómo vas a llegar a la cama sin una frase inteligente?

ANTONIO: Yo a Cecilia nunca le dije una frase inteligente.

PROFESOR: ¿Y qué? ¿Le dijiste vamos a la cama y ella fue a la cama? ¡Como una puta!

ANTONIO: No. Le dije "qué hermosa sos."

PROFESOR: No es muy original. ¿Y ella qué dijo?

ANTONIO: Vos también sos hermoso.

PROFESOR: ¡Y se fueron a la cama!

ANTONIO: No.... La historia empezó en un colectivo. Ahí la conocí. Yo me senté al lado. Nos miramos.... Yo le dije: "qué hermosa sos." Ella me dijo: "vos también sos hermoso."

PROFESOR: (*Enojado.*) ¡Y se acostaron en el colectivo!

ANTONIO: (*Divertido.*) No.... Fuimos a tomar un café. Charlamos.... Y terminamos en el departamento de un amigo.

PROFESOR: ¡El que se va de Buenos Aires!

ANTONIO: No... en la casa de otro amigo. Es músico.

PROFESOR: ¿Y qué? ¿Les tocaba la marcha nupcial en el armonio?

ANTONIO: (*Riendo.*) No.... Tiene guita. Bah... la familia tiene guita. Vive en una casa muy grande.... En el fondo tiene un estudio para él solo.

PROFESOR: De todas maneras.... Lo que quiero decirte es que las palabras ejercen seducción. Yo me acuerdo.... (*Bebe otro trago y reflexiona.*) Puta.... No tendría que tomar. (*Sigue con el relato.*) Una hermosa mujer.... ¡Pero complicada! Salimos varias veces.... Le gustaba mucho la pintura. Ibamos a exposiciones... coloquios sobre plástica.... (*Cambia de conversación.*) Le dije a Cecilia que tiene que acercarse a la pintura. La imagen pura. Como la poesía. La palabra pura. Sólo hay arte en la poesía y en la pintura. Todo lo demás es pura estrategia. El puto ingenio. (*Da por terminada la conversación.*)

ANTONIO: ¿Y qué pasó con la mujer ésa?

PROFESOR: ¿Qué mujer? ¡Ah, sí....! Ibamos a exposiciones... prácticamente todos los días. Y también le gustaba la música medieval. Me acuerdo que en esa época había un conjunto muy bueno Zárate. Y los sábados íbamos a escucharlo. (*Se queda un instante mirando a Antonio.*) No sé por qué te cuento todo esto.

ANTONIO: Porque a las mujeres hay que hablarles.

PROFESOR: ¡Ah! Una mujer que ni dejaba que le agarraran la mano. Y una noche... eran como las tres de la mañana... estábamos en un bar... ya no teníamos de qué hablar y salió el tema de la ecología.... (*El profesor ha comenzado a poner en marcha su histrionismo. Antonio lo advierte.*) Con una intelectual a las tres de la mañana.... O estás en la cama o hablás de ecología. (*Antonio se ríe.*) ¡Ecologista! ¡Preocupada por la extinción de las ballenas! ¡Qué carajo me importan las ballenas! (*Espera, bebiendo otro trago, que Antonio calme su risa.*) Bue... después que lloramos durante horas por los pobres cetáceos.... Me pregunta: "¿Cómo se mata a las ballenas?". (*Mima la respuesta que le dio a la mujer.*) "Con la indiferencia." (*Antonio lanza la carcajada. El profesor ríe también.*) ¡Y ahí le agarré la mano! A la hora estábamos en la cama. Me dijo: ¡Fue una frase brillante! (*Bebe.*) Una vieja como de treinta años. Y los pechos más hermosos que vi en mi vida. Grandes, pero como si fueran de una adolescente. (*Se hace una pausa. El profesor comenta, como al pasar:*) Cecilia... quiero decir.... (*Se roza el torso.*) Es más bien chata....

ANTONIO: ¿Cecilia?

PROFESOR: ¡Oíme...! Yo no ando mirando. Digo... las clases son en invierno... ella usa esos pulóveres amplios...

ANTONIO: Cecilia es tetona. Anda jodiendo con que se las quiere achicar. Está loca. Primero, que a mí me gustan grandes...

PROFESOR: (*Alcanza a decir.*) A mí también....

ANTONIO: Además.... Si las tiene duras. Pero le da vergüenza. Entonces se las esconde. (*Se hace una pausa. El profesor se queda pensativo.*)

PROFESOR: Esa chica tiene talento. Escribió un poema.... (*Le dice como si Antonio supiera de cual se trata.*) El de los adolescentes en la playa.

ANTONIO: (*Algo resentido.*) Ella no me muestra lo que escribe. (*Nueva pausa. Antonio se toma su tiempo para decir:*) Una vez me mostró uno y le dije "no sé, no lo entiendo." Me dijo que a usted le había gustado mucho. Uno que hablaba sobre el "pito del tipo."

PROFESOR: Uno de los primeros.

ANTONIO: No lo entendí.

PROFESOR: Son búsquedas. Ella está buscando su propio lenguaje. Su identidad.

ANTONIO: Todo lo que le pregunté era si el tipo del pito era yo. Me dijo que no lo sabía.

PROFESOR: ¡También! ¿A quién se le ocurre preguntarle a un escritor sobre el origen de sus imágenes? La gente no acepta la locura del creador. ¡Todo tiene que tener una explicación! Uno de mis primeros cuentos empezaba: "Yo tenía un tío que tocaba el trombón." ¡Si supieras la cantidad de parientes que me llamaron para preguntarme cuál era el tío que tocaba el trombón! (*Ríe satisfecho por la humorada.*)

ANTONIO: Cecilia me dijo que usted le preguntó lo mismo. (*El profesor lo mira desconcertado. Antonio le aclara:*) Que usted le preguntó si el tipo del pito era usted.

PROFESOR: Pero cómo yo.... ¡Justo yo que lo único que les enseño es que un escritor es la palabra en libertad! Eso es todo lo que quiero que aprendan. Se los digo en cada clase... se los repito.... ¡Liberen la palabra! ¡No se pregunten de dónde sale! ¡La palabra en libertad! ¡Eso es un escritor: la palabra en libertad!

ANTONIO: (*Insistente.*) Cecilia me lo contó.

PROFESOR: ¡Habrá sido una broma! Cecilia es muy joven y.... (*Explota.*) ¡Pero te cuenta todo!

ANTONIO: Cada cosa que usted le dice. (*El profesor lo mira un instante.*) Nosotros siempre nos decimos la verdad.

PROFESOR: (*Se encrespa.*) ¿Qué verdad? ¡La verdad no existe! Lo único que existe es la poesía. Proust dice que lo que nos atrae de los demás es su parte desconocida. ¿Leíste "En busca del tiempo perdido"? (*Antonio apenas alcanza a decir que no. El profesor revuelve entre sus libros. Mientras dice:*) Tiene que estar por acá. Hace poco lo estuve releyendo. (*Descubre un libro y se lo tiende a Antonio.*) ¿Lo leíste? (*Antonio toma el libro, lo mira y niega con la cabeza.*) Se pronuncia Bodeler.

ANTONIO: (*Molesto.*) Lo conozco. Cecilia me prestó uno que se llamaba "Las flores del mal." También leí a Rimbaud. (*Lo pronuncia correctamente. El profesor lo mira un instante.*) Pero se lo dije a Cecilia. Me gustan más las novelas policiales. Ella se enojó.

PROFESOR: Eso te pasa por decir la verdad. Nunca hay que decir la verdad. Y menos a una mujer. (*El profesor encuentra el libro que buscaba y lo hojea.*)

ANTONIO: Yo no le conté a Cecilia que usted y yo nos vimos.

PROFESOR: (*Mientras sigue buscando.*) Me parece muy bien.

ANTONIO: Pero tengo que contárselo.

PROFESOR: ¿Para qué? (*Encontró el párrafo que buscaba.*) ¡Escuchá! (*Lee.*) "Se ha dicho que el silencio es una fuerza terrible" (*Levanta los ojos del libro y le repite.*) ¡Terrible! (*Vuelve al libro.*) "Cuando está a disposición de aquéllos que son amados" ¡El silencio!

ANTONIO: ¿Y si se lo cuenta usted? (*Aclara.*) ... si usted le cuenta a Cecilia que nos vimos.

PROFESOR: No tengo por qué contárselo. (*Pausa.*)

ANTONIO: ¿Va a volver a hablar con ella?

PROFESOR: ¿Por qué no? (*Lo mira.*) ¿Vos no querés que hable con ella? (*Antonio bebe un trago de ginebra. Se toma su tiempo para decir:*)

ANTONIO: Yo creo que Cecilia está enamorada de usted. (*El profesor se queda un instante mirándolo.*)

PROFESOR: ¿Por qué suponés que está enamorada de mí?

ANTONIO: (*Explota.*) ¡Porque está enamorada de usted! Yo no soy ningún boludo. ¡Está enamorada de usted! Me acuerdo el día que empezó las clases. Yo la estaba esperando a la salida y le pregunté ¿qué tal el nuevo profesor? ¿Sabe qué me contestó? "Cuando entró pensé: tiene cara de aburrido. A los diez minutos me di cuenta que era un hombre del que podía enamorarme." Así me dijo.

PROFESOR: Me suele suceder. Pasar desapercibido, hasta que me dejan hablar. Pero no te preocupes. Al tiempo dicen: "Es cierto. Era aburrido." Como un personaje de Chejov. (*El profesor se queda mirando a Antonio que ha vuelto a caer en un estado de contenida angustia. Se toma su tiempo para decir:*) Yo voy a hablar con Cecilia.

ANTONIO: (*Explota.*) ¡No! ¡Justamente, no! No hable con ella.... No le diga nada. Ella va a ir a sus clases, porque son importantes. Pero, por favor.... ¡Déjela tranquila! Todo está bien ahora entre nosotros.

PROFESOR: Pero yo sólo quiero hablarle para ayudarte.

ANTONIO: ¡Por favor! (*Breve pausa. Le reclama:*) Prométame que no le va a hablar, prométamelo.... Prométamelo.

PROFESOR: Está bien. Te lo prometo. Empeño el silencio. (*El profesor se tira en la cama a escribir. Antonio saca del bolso alguna prenda y se cambia hasta adquirir un aspecto de alguien que practica deportes. Extrae una toalla y se "seca" el pelo. Entretanto mira al profesor que escribe.*)

ANTONIO: Supongo que no me estará poniendo como personaje.... (*El profesor lo mira. Le aclara:*) Lo que escribe. No me estará escribiendo a mí.

PROFESOR: No. Esta historia pasa durante las invasiones inglesas. No tenés lugar en esta historia. Salvo que convierta al teniente de húsares en un pendejo, gran fornicador. (*Transición.*) ¿Y por qué no?

ANTONIO: Debe ser lindo escribir. Usted tendría que conocer mi familia. ¡Qué novela escribiría!

PROFESOR: ¡Yo no sé qué cree la gente de los escritores! "Ay, señor, si conociera mi vida, qué novela escribiría".... Tendría que conocer a mi familia. En realidad no quieren escribir a la familia. Quieren destruirla. Y le piden a uno que sea el verdugo. (*El profesor se ha quedado releyendo lo que escribió. Arranca la hoja, la estruja y la tira al suelo.*) ¿Qué pasa con Cecilia? Yo no la veo nada bien. Esa chica está muy angustiada.

ANTONIO: Ayer pasamos la noche juntos. En el departamento de mi amigo. Cogimos como nunca. Después se puso a llorar, se abrazó a mí y se quedó dormida. Esta mañana estaba bien.

PROFESOR: Tomemos unas ginebras, ¿eh? (*Antonio se sienta junto a la mesa del bar. El profesor toma la botella de ginebra, un vaso y ocupa la otra silla. El profesor bebe un largo trago. Se toma su tiempo para decir:*) Lo estuve pensando.... Voy a invitarla a Cecilia a tomar un café. Quiero hablar con ella.

ANTONIO: (*Se pone muy mal.*) ¿Pero para qué?

PROFESOR: ¡Porque quiero hablar con ella! ¿O acaso te tengo que pedir permiso?

ANTONIO: La va a joder. ¿No se da cuenta que la va a joder?

PROFESOR: ¿Pero en qué la voy a joder? ¿No me dijiste que está bien? Anoche fornicaron hasta las cinco de la mañana... ella lloró.... Pero esta mañana estaba bien.

ANTONIO: Usted me prometió que no le iba a hablar.

PROFESOR: ¡Pero por Dios! Esa chica puede ser una gran poeta, ¿me oíste? Una gran poeta. Y cuando hablo de gran poeta no estoy hablando de un artesano de las palabras. ¡Está lleno de artesanos de las palabras! ¡Cientos! ¡Miles! En la escuela primaria.... Escriben una composición sobre la vaca y ya parecen escritores. (*Grita.*) ¡Pero eso es mierda! A ver si nos entendemos. ¡Pura mierda! (*Bebe un largo trago. El alcohol comienza a hacer efecto.*) Yo escribí: "Tengo un tío que tocaba el trombón". ¿Dónde está la poesía? ¿En trombón? ¡Mierda! Para lo único que me sirvió es para que me llamara un primo (*Se carga de odio.*) que ni siquiera era primo.... Hijo de una prima de mi madre.... ¡Tampoco! Está casado con la hija de una prima de mi madre.... (*Imita al personaje.*) "Gracias por acordarte del tío Cholo..." ¿Qué tío Cholo? (*Vuelve al personaje.*) "¿Te acordás que éramos pibes...?" "El día que se casó la tía Delfina." (*Se indigna.*) "¿Qué tía Delfina?" (*Otra vez el personaje.*) "¡Y el tío Cholo tocó el trombón!" (*Explota.*) ¡Qué tío Cholo! ¡Qué tía Delfina! Pero el hijo de puta... el que está casado con una prima de mi madre.... ¡Me estaba diciendo que yo tenía un tío que tocaba el trombón! ¡Me cago en la realidad!

(*Con dolor.*) Yo había inventado una imagen poética. Pero todo se achata. Se vuelve cotidiano. (*El profesor se pone de pie. Es evidente que se siente mal.*)

ANTONIO: ¿Le pasa algo?

PROFESOR: No tengo que tomar. (*Antonio va hacia él. Lo ayuda a recostarse en la cama. El profesor le señala la mesita de luz.*) Alcanzame ese frasco. (*El profesor se coloca una pastilla en la boca.*) Esta puta presión.... En fin.... La crisis de la presbicia la atravesé bien. De última... un escritor con anteojos es casi un lugar común.... Pero la presión....

ANTONIO: ¿Quiere que llame a un médico?

PROFESOR: ¡¿Médico?! ¡¡Nooo!! No soy un enfermo. Es un poco de presión nada más. (*Por el remedio.*) Esta mierda me hace bien. Ya te puedo correr una carrera. (*Antonio le devuelve un gesto sobrador.*) ¿Qué? Cuando tenía tu edad jugaba al rugby. Y era bastante bueno.

ANTONIO: (*Irónico.*) ¿Cuando usted tenía mi edad ya se había inventado el rugby?

PROFESOR: (*Molesto.*) Ese es un chiste mío. No pretendas imitarme. A Cecilia le gusta como sos.

ANTONIO: ¿Qué quiere decir?

PROFESOR: Que vos ganás.

ANTONIO: Claro que gano.

PROFESOR: Porque yo te dejo ganar.

ANTONIO: ¿Cómo que me deja ganar? (*El profesor salta de la cama. Se tira al suelo y queda erguido, apoyado sobre los brazos extendidos.*) ¡Flexiones! (*Antonio lo mira sin entender.*) Vamos a hacer flexiones. A ver quién aguanta más. (*El profesor comienza a hacer flexiones, al mismo tiempo que cuenta cada uno de los ejercicios.*)

ANTONIO: ¡Por favor! ¡Le puede hacer mal!

PROFESOR: ¡Andate a la mierda! (*Los movimientos del profesor se van haciendo más lentos hasta que sus brazos no responden. Se levanta pesadamente.*) A ver cuántas hacés vos.

ANTONIO: ¿Para qué?

PROFESOR: Para ver cuántas hacés. A ver tu juventud. A verla. ¡Vamos!

ANTONIO: (*Sonriendo.*) Yo puedo hacer muchas más.

PROFESOR: Seguramente. Pero quiero verlo. A ver esa juventud.

ANTONIO: No le encuentro sentido.

PROFESOR: ¿Pero por qué las cosas tienen que tener sentido? Eso es un síntoma de vejez. La racionalidad. Sólo hago lo que tiene sentido. ¡A tu edad! ¡Cagate en las cosas que tienen sentido! ¡Jugá!

ANTONIO: No sé.... Me parece tan absurdo, ponerme a hacer flexiones como un pelotudo.

PROFESOR: ¿No te das cuenta que yo soy más joven que vos? Quincuagenario, présbite e hipertenso.... Y soy más joven que vos. (*Agresivo.*) ¿No será que Cecilia se habrá dado cuenta? ¿No será por eso que llora? (*Antonio se arroja al suelo y comenzará a hacer flexiones con la seguridad de un deportista profesional. Una vez que superó la cifra de ejercicios del profesor, lo mira:*)

ANTONIO: ¿Quiere más? (*Pega un salto y se pone de pie imitando, con los brazos en alto, el saludo de los artistas de circo. Luego le dice al profesor:*) En los cien metros estoy a dos décimas de la marca profesional.

PROFESOR: (*Se ríe.*) Yo no estoy hablando del cuerpo. (*Se golpea la frente.*) La juventud está acá. (*Se burla:*) Dos décimas de la marca profesional. ¿Y para qué sirve eso? Corrés... corrés.... ¿Y qué? ¡Al pedo! Nunca entendí a esos pelotudos que corren... corren.... ¿A dónde van?

ANTONIO: Yo me siento libre cuando corro.

PROFESOR: (*Se encrespa y se golpea nuevamente la frente.*) ¡La libertad está acá, pelotudo! (*Antonio, molesto, toma el bolso y va a sentarse en el café. El profesor lo mira un instante. Luego lo llama afectuosamente.*)

ANTONIO... Tenemos que charlar, vos y yo.

ANTONIO: ¿Para qué? ¿Qué necesidad tiene de hablar con un pelotudo?

PROFESOR: ¡Vamos....! ¿Vos sabés que yo me doy cuenta que empiezo a querer a alguien cuando lo insulto? Hasta que no le digo pelotudo es porque me resulta indiferente. (*El profesor toma el cuaderno y se pone a escribir. Arranca la hoja, la estruja y la tira. Mira un instante a Antonio.*) ¿Y Cecilia qué dice de eso de que corras? (*Antonio lo mira con odio y no contesta.*) ¿No me vas a contestar? ¿Preferís que se lo pregunte yo? ¿Que le hable? (*Pausa.*) ¿Querés que se lo pregunte? (*Antonio toma una decisión. Va hacia el departamento del profesor. Se queda mirándolo un instante. El profesor deja de escribir.*) Me alegra que hayas venido. No encontraba un motivo para dejar de escribir.

ANTONIO: (*Algo agresivo.*) Habló con Cecilia. (*El profesor lo mira y dirá con tono sincero.*)

PROFESOR: No. (*Antonio le cree y se afloja.*) Yo pertenezco a la generación de la barra de café. Cuando dábamos una palabra la cumplíamos. Sobre todo en materia de minas. Empeñábamos el silencio. (*Hay un tiempo. Es evidente que Antonio quiere decirle algo al profesor. Este lo advierte. Toma la botella y sirve dos vasos.*) ¿Una ginebrita? (*Beben. El profesor espera que Antonio se decida. Finalmente, éste saca un papel y se lo tiende al profesor.*)

ANTONIO: Son cosas que anoté. (*El profesor se cala los anteojos y lee. Antonio está ansioso. El profesor le devuelve el papel.*)

PROFESOR: (*Como diciendo, "Qué quieres que te diga?"*) Está bien. (*Otra pausa. Antonio se sirve y bebe ansiosamente.*) ¿Se lo mostraste a Cecilia? (*Antonio niega con la cabeza.*) ¿Por qué?

ANTONIO: Anoche nos encontramos a las ocho de la noche y empezamos a caminar…. Caminamos… caminamos…. Hablamos todo el tiempo. Vimos el amanecer en La Boca. Casi se lo muestro. Pero…. ¡Qué sé yo! Quería que usted lo viera antes. Yo no soy un escritor.

PROFESOR: Yo tampoco. (*Antonio se pone mal.*) Hijo… Un escritor no es más que las ganas de escribir. Y yo no tengo ganas de escribir. (*Lo mira.*) ¡Y a vos te gusta correr! ¡Corré!

ANTONIO: ¡Qué sé yo lo que me gusta! Ahora me gusta escribir.

PROFESOR: Y bueno…. En esta ciudad la mitad de la gente quiere escribir y la otra mitad poner un restaurante. Pero ninguno se decide. Por eso encontrás mozos que son poetas y poetas que terminan como dueños de un carrito de la Costanera. (*Antonio no entiende la humorada o no le produce gracia. El profesor se ríe y anota.*) Me puede servir para un cuento.

ANTONIO: Cecilia me dice lo mismo. Si te gusta correr, corré. (*El profesor se queda mirándolo un instante. Se toma su tiempo para decirle:*)

PROFESOR: A Cecilia le gusta mirarte desnudo ¿no? (*Antonio se sorprende. El profesor advierte que ha dado en el clavo.*) Hace que te pares desnudo arriba de una mesa y te contempla. (*Antonio se pone mal.*)

PROFESOR: Como si fueras una estatua. (*Pausa.*) ¿No es así?

ANTONIO: (*Molesto.*) Tengo que irme.

PROFESOR: (*Incisivo.*) ¿Es así o no es así?

ANTONIO: Ya es hora….

PROFESOR: ¡Te pregunté si es así o no es así!

ANTONIO: (*Explota.*) ¡Y yo quiero irme! (*Toma el bolso e intenta la salida.*)

PROFESOR: (*Es casi un reclamo.*) Antonio…. (Antonio vuelve.) Quedate un rato…. Nos tomamos unos buenas ginebras, ¿eh? (*Antonio está indeciso. El profesor sirve dos vasos. Le tiende uno a Antonio. Luego habla con naturalidad.*) ¿Conocés Devoto? (*Antonio lo mira sin entender.*) Era mi barrio…. Ahí me crié. Tiene una plaza hermosa…. Y enfrente la biblioteca. Cuando tenía tu edad me pasaba las horas leyendo bajo los árboles…. Y del otro lado había un boliche…. Vaya a saber si está. (*Mira a Antonio.*) Digo…. A vos y a Cecilia que les gusta caminar…. Váyanse un día. (*El profesor deja de hablar. Su rostro revela que no se siente bien. Ingiere una pastilla, Antonio lo observa.*)

ANTONIO: ¿No se siente bien? (*El profesor niega con la cabeza pero no puede ocultar el malestar. Antonio se anima a preguntarle.*) ¿Puedo hacer algo por usted? (*El profesor mira a Antonio un instante.*)

PROFESOR: ¿Cómo?

ANTONIO: Le pregunté si puedo hacer algo por usted. (*El profesor se toma su tiempo para decir:*)

PROFESOR: Desnudate.(*Antonio queda sorprendido. El profesor insiste.*) Desnudate. (*Ante la sorpresa de Antonio, insiste.*) Me preguntaste qué podés hacer por mí. Bueno.... Si querés hacer algo por mí, desnudate. (*Antonio transforma la sorpresa en cierto temor que el profesor advierte:*) ¡No soy homosexual! No me gustan los hombres... ni los jóvenes. Me gustan las mujeres. ¡Todas las mujeres! Si son capaces de generar una poética de la sensualidad.

ANTONIO: Como Cecilia.

PROFESOR: Cecilia es una niña. Y las niñas vienen con la sensualidad puesta, aunque no se lo propongan. ¡Pero las hijas de puta se lo proponen! Descubren la sensualidad cuando cumplen tres años y saben cómo ejercerla hasta que se mueren. Salvo Margaret Thatcher. (*Antonio lanza una carcajada. El profesor se muestra satisfecho por la humorada.*) ¿Ves? También el amor tiene que justificarse, al menos, en una frase ingeniosa. Y, lo ideal, en una imagen poética. Como cuando Cecilia escribe: "Vino hacia mí como una estatua desnuda." ¡Eso! Fijate que no escribió "una estatua de mármol." "Una estatua desnuda." Estaba hablando de un ser humano. (*Breve pausa. Mordaz.*) ¿De quién estaba hablando? (*Antonio se pone a la defensiva, pero no contesta. El profesor espera:*) De vos.

ANTONIO: Yo no leí el poema.

PROFESOR: (*Se encrespa.*) ¡Pero de quién carajo estaba hablando sino de vos! ¿No te hace parar sobre la mesa para admirar tu cuerpo desnudo?

ANTONIO: A ella le gusta admirar mi cuerpo. ¡Eso es cierto! ¡Pero yo no me paro sobre la mesa! ¿Qué soy...? Un.... (*No encuentra la palabra.*)

PROFESOR: Exhibicionista. ¿Cómo admira tu cuerpo?

ANTONIO: Lo mira.... Dice que le gusta mi cuerpo.

PROFESOR: Si lo admira es porque le gusta verlo. ¿Cómo te lo ve?

ANTONIO: ¡Me lo ve! Si nos acostamos....

PROFESOR: ¡Eso ya lo sé! Pero....¿qué? Uno al lado del otro, en la cama, desnudos.... Si yo me tiro boca arriba en la cama, no se me nota la panza.... Si me paro.... (*Dibuja con la mano un gran abdomen.*) Ella dice: "Vino a mí como una estatua desnuda." Las estatuas uno las ve. Las admira. No las toca. No las abraza. ¡¡Las contempla!! ¡Son un hecho estético!

ANTONIO: Usted quiere decir que para Cecilia no soy más que una estatua....

PROFESOR: No lo sé. ¿Por qué no te muestra sus poemas? (*Antonio se pone muy mal. El profesor se toma su tiempo para decir:*) Desnudate. (*Antonio, muy alterado, se desnuda y dice:*)

Antonio: ¿Sabe qué me pide? Que me ponga así. Para poder hacer el amor yo me tengo que poner así. (*Ha quedado desnudo con las manos cruzadas detrás de la cabeza. Su cuerpo es realmente perfecto. El profesor lo mira.*)

Profesor: Yo no entiendo de hombres. Pero sos realmente muy bello. (*Cambia de tono.*) ¿Sabés como sigue el poema? "Y se convirtió en un puñado de sal."

Antonio: (*Ha vuelto a vestirse. Mira al profesor.*) La estatua desnuda soy yo. ¿Qué quiere decir que me convierto en un puñado de sal?

Profesor: Esa pendeja te está jodiendo.(*Antonio bebe un largo trago. Se toma su tiempo para explotar.*)

Antonio: ¡Eso tiene que ver con usted! ¡Es usted el que le llena la cabeza! Usted es un viejo degenerado.

Profesor: Tuteame, si querés.

Antonio: ¡Pero yo me cojo a Cecilia! ¡¡Yo!! ¿Y quiere que le cuente lo que le hago? ¿Cómo lo hago? ¿Quiere que se lo cuente? (*Antonio sale de la habitación del profesor y va a sentarse en el bar. El profesor escribe.*)

Profesor: (*Por lo que está escribiendo.*) ¿Por qué el tutor tiene que ser un hombre joven? Julia podría enamorarse de un hombre mayor.... (*Antonio se está secando el pelo con una toalla. Acaba de entrenar.*)

Antonio: Quiero hablar con usted.

Profesor: Estoy escribiendo. (*Sigue con el cuento.*) Julia y el teniente de húsares hacen el amor en la playa... El tutor los ve....

Antonio: (*Algo amenazante.*) Tenemos que hablar....

Profesor: (*Lo chista.*) ¡Después! Julia se deja deslumbrar por las palabras del tutor.... Las palabras.... Las palabras.... El tutor dice: El arte de amar no es más que eso. La palabra justa en el momento preciso. (*Antonio, alterado, invade la habitación del profesor.*)

Antonio: ¡Me va a escuchar! (*Lo mira.*) ¿Así que el silencio empeñado?

Profesor: ¿Qué te pasa?

Antonio: Le habló. (*Pausa.*) ¡La citó en un bar y le habló!

Profesor: ¡No es cierto! ¡Yo no le dí ninguna cita! Yo estaba en el bar haciendo tiempo....

Antonio: ¡Pero usted se la pasa haciendo tiempo!

Profesor: ¡Y sí! Esta es mi vida. Terminar una clase y hacer tiempo hasta la otra. Este mes me releí "La guerra y la paz."

Antonio: Ella me dijo que usted la citó.

Profesor: ¡Y eso no es cierto! Se sentó a mi mesa...

Antonio: Usted me prometió que la iba a dejar tranquila.

Profesor: ¡Se sentó a mi mesa!

ANTONIO: ¡Dejó de ir a una clase para estar con ella!

PROFESOR: Nos quedamos charlando....

ANTONIO: ¡Dos horas!

PROFESOR: ¡Y sí! es más útil dedicarle dos horas a esa chica que esos otros veinte mediocres que en su puta vida van a escribir una línea propia. ¡Mediocres! Cuando encuentran una imagen que vale la pena, la achatan. ¡Parece que lo hicieran a propósito! Y, de pronto, cuando aparece el riesgo de la palabra... ¡Ya está escrito! (*Se calma. Mira a Antonio que está muy alterado*) No fue más que una conversación entre un profesor y una alumna.

ANTONIO: (*Violento.*) ¡¡Ah, sí!? ¿Y por qué la llama Cosette? ¿Qué necesidad tiene de llamarla Cosette?

PROFESOR: ¡No es nada más que un personaje!

ANTONIO: ¡Lo sé! ¡De "Los miserables!" Cecilia me lo dijo. Y me leí la novela.

PROFESOR: Ya lo ves.

ANTONIO: ¡Es una historia de amor!

PROFESOR: Sí.... Pero como literatura es pobre. Admitámoslo. Cuando tenía quince años la leí tres veces. Ni Víctor Hugo fue capaz de esa hazaña.

ANTONIO: Cecilia no se parece a Cosette.

PROFESOR: ¡Qué sé yo! Es el recuerdo que yo tengo. De última.... Si ella es Cosette, vos serás el joven Mario y yo el viejo Jean Valjean. ¿Qué te preocupa? (*Antonio bebe un trago. Se toma su tiempo para decir.*)

ANTONIO: El fin de semana lo pasamos juntos....

PROFESOR: Ya me lo contaste. (*Molesto.*) Hicieron el amor en la playa. Se habrán cagado de frío, supongo.

ANTONIO: (*Desconcertado.*) ¿Qué playa? En el departamento de mi amigo.... Se fue de Buenos Aires y....

PROFESOR: ¿No era en la playa? (*Recapacita.*) No, está bien.... En el departamento del hijo de puta ese que se va de Buenos Aires.... (*Antonio se ha quedado mirándolo. El profesor bebe.*) ¡Seguí!

ANTONIO: Bueno.... De pronto, Cecilia se puso muy mal.... Empezó a llorar y a decirme que quería estar con usted. Que necesitaba hablar con usted. Que era el único hombre verdaderamente inteligente que conocía. ¡Se puso como loca! Tuve que pegarle.

PROFESOR: (*Alterado.*) ¿Cómo tuviste que pegarle?

ANTONIO: Estaba como loca.

PROFESOR: (*Indignado.*) ¿Le pegaste?

ANTONIO: Un cachetazo. Nada más que un cachetazo. Pero le hizo bien. Porque se abrazó a mí. Me dijo que todo lo que quería era estar conmigo. Cogimos como nunca. (*Divertido.*) Diez, veinte veces. No bajamos ni a comer.... Lo único que había en el departamento eran galletitas y té. Fue bárbaro. (*El profesor ha estado bebiendo. La historia de Antonio lo puso muy mal. Hace esfuerzos para parecer normal.*)

PROFESOR: Por lo visto. Cecilia nos precisa a los dos.

ANTONIO: (*A la defensiva.*) ¿Qué quiere decir?

PROFESOR: Es como un bello cuento. Julia ama a su tutor, pero se acuesta con el joven teniente de húsares. Mientras los ingleses invaden Buenos Aires.

ANTONIO: ¿Quién es Julia?

PROFESOR: Eso no te importa. (*De pronto, exultante:*) Salgamos un día los tres. (*Antonio lo mira.*) Cecilia, vos y yo.

ANTONIO: ¿Para qué?

PROFESOR: ¿Cómo para qué?

ANTONIO: Habíamos quedado en no decirle nada de....

PROFESOR: ¡No hay nada que decirle! Es más.... Vos la citás en un bar.... Y yo aparezco, como si fuera una coincidencia. Y nos vamos los tres al cine. El sábado dan "Alejandro Nievsky." ¿Viste "Alejandro Nievsky"? (*Antonio alcanza a decir que no.*) ¡La película que inventó el cine! ¡Y que lo mató para siempre! La escena de la batalla.... Todo lo que ustedes ven hoy.... Bergman, Visconti.... ¡Está todo ahí!

ANTONIO: ¿Pero para qué?

PROFESOR: ¡Oíme....! Cecilia tiene que ver esa película. La escena de la batalla.... Es la única que es poesía pura. Como un cuadro.... Yo le expliqué a Cecilia: el cine está muerto. Como está muerta la novela. Porque necesitan de lo narrativo. ¡Y la anécdota pudre todo! ¡El puto ingenio! Por eso lo único vivo es la pintura.... La imagen pura. Y la poesía. La palabra pura. Pero "Alejandro Nievsky".... La escena de la batalla.... ¡Cecilia tiene que verla! ¡Vamos los tres! Yo los invito. Después nos vamos a cenar y a tomar un café. Yo los invito.

ANTONIO: ¿Para qué? ¿Para demostrarle a Cecilia que usted es un genio y yo un pobre tipo?

PROFESOR: No.... No, hijo, no. Salgamos los tres, ¿eh? Me gusta oír a los jóvenes.

ANTONIO: No es cierto. Lo que le gusta es que los jóvenes lo escuchen a usted.

PROFESOR: Vieja manía de profesor. (*Pausa.*) "Mas la noche ventosa, la límpida noche que el recuerdo rozaba solamente, está remota, es un recuerdo".

ANTONIO: Eso es muy hermoso, profesor.

PROFESOR: Lo escribió Pavese.... ¿Cuándo salimos los tres? (*El profesor ingiere un remedio y se tira en la cama.*)

ANTONIO: Yo no voy a hacer el papel de boludo. Salga usted con ella. Invítela al cine.

PROFESOR: La invité. (*Antonio queda paralizado. Mira al profesor.*) Me dijo que no. Bah.... No fue así. Yo le dije: "Algún día me gustaría ir al cine con vos." Se sonrió y me contestó: "Cuando cumpla los dieciocho y me dejen entrar." (*Ya está semidormido y alcanza a decir:*) Esa pendeja entiende. (*El profesor se queda dormido.*)

ANTONIO: Cecilia no me dijo nada. ¿Por qué no me dijo que la invitó a ir al cine? ¿Por qué no me lo dijo? ¡¡Por qué me mienten los dos!! (*Antonio se sienta en la mesa del bar y se pone a escribir. El profesor lo mira. Habla por Antonio.*)

PROFESOR: Anoche fuimos a la plaza Devoto.... cogimos en un banco, bajo los árboles.... El mismo banco donde el profesor se sentaba a leer "Los Miserables." ¡Ese viejo de mierda! (*Pausa. Antonio deja de escribir y alternado invade la habitación del profesor.*) ¡Usted se acostó con Cecilia! (*El profesor lo mira asombrado pero no tiene tiempo para contestar.*) ¿Por qué no me lo dijo? ¿Por qué me lo ocultaron?

PROFESOR: (*Alcanza a decir.*) ¿Qué te pasa...? ¿Te volviste loco?

ANTONIO: Gepeto.... (*Lo dirá textualmente.*) Gepeto....

PROFESOR: ¿Quién es Gepeto...?

ANTONIO: ¿Por qué no la dejó tranquila? ¡La amo! ¿No se da cuenta? ¡La amo! ¡Viejo farsante! (*Se pone a llorar.*)

PROFESOR: ¿Qué estás diciendo...? (*Intenta tocarlo. Antonio se desprende y le grita:*)

ANTONIO: Lo logró.... ¡Ganó usted! Hace una semana que no la veo.

PROFESOR: Yo no tengo nada que ver....

ANTONIO: ¡¡No me mienta más!! (*Le grita.*) "Por fin anoche, mi admirado profesor, mi amado Gepeto se metió en mi cama, me penetró e hizo de mí un ser humano." (*El profesor lo mira.*) Leí el poema.... Lo leí. (*El profesor se toma su tiempo para entender.*)

PROFESOR: ¡Yepeto...! El viejo carpintero.... El que inventó a Pinocho. (*Antonio se calma ante la explosión del profesor. Lo mira.*)

PROFESOR: No es Gepeto.... Es Yepeto... el de los anteojitos... el carcamán.... ¡Viejo bondadoso hijo de puta! (*A Antonio.*) ¿Cómo decía el poema? (*Antonio lo mira sin reaccionar.*) El poema que escribió Cecilia.... El admirado profesor... que la penetró.... Repetilo. ¡Repetilo carajo!

ANTONIO: (*Ahora más calmado.*) "Por fin anoche, mi admirado profesor, mi amado Gepeto...."

PROFESOR: (*A pesar suyo le sale el profesor.*) Yepeto, Se pronuncia Yepeto. Seguí.

ANTONIO: "Mi amado Yepeto se metió en mi cama, me penetró e hizo de mí un ser humano." (*Se hace una pausa prolongada. El profesor bebe. Antonio va a sentarse al bar. El profesor, al borde de las lágrimas, dirá:*)

PROFESOR: Para ella no soy más que un viejo titiritero. (*El profesor necesita acostarse. Se siente físicamente mal. Toma una pastilla. Antonio escribe. Tira lo que escribió. Ambos se queda en silencio, hasta que el profesor dice:*) Antonio.... ¿Qué pasa que no venías a verme?

ANTONIO: Profesor.... Necesitaría hablar con usted.

PROFESOR: Antonio, no debería decírtelo, pero tenés que saberlo: ella va a elegir al más vulnerable. (*Pausa. Hasta que Antonio, alegremente, invade la habitación del profesor.*)

ANTONIO: Hola....

PROFESOR: (*Contento.*) Antonio.

ANTONIO: ¿Cómo anda?

PROFESOR: Jodido.... (*Toma una pastilla.*) Esta es para la presión. Pero me hace mal al hígado. (*Toma otra.*) Esta me cura el hígado.... Pero me levanta la presión. (*Antonio se ríe. Esto alegra al profesor.*) Pero estoy bien. Todo lo que tengo que hacer es dejar el cigarrillo, la bebida, la actividad sexual, caminar cuarenta cuadras por día, comer verdura y leer "Platero y yo." Así puedo llegar a los sesenta. (*Antonio ríe francamente. Esto hace bien al profesor.*) ¿Y vos?

ANTONIO: Bien.

PROFESOR: ¿Entrenás?

ANTONIO: A veces.

PROFESOR: ¡Entrená! ¿No era que estabas a dos décimas de.... no sé qué?

ANTONIO: De la marca profesional.

PROFESOR: Dos décimas no es nada.

ANTONIO: Eso es lo que usted cree.

PROFESOR: Pensá en mí, correcaminos. Estoy a cien años de Flaubert y a cuatrocientos de Cervantes. (*Antonio saca un recorte del bolsillo y se lo extiende al profesor.*)

ANTONIO: ¿Lo vio?

PROFESOR: Sí... sí....

ANTONIO: Habla muy bien de usted.

PROFESOR: ¡Pero mirá la foto! Parezco el padre de Sábato.

ANTONIO: (*Como si le diera la gran noticia.*) Dicen que es un habilidoso estratega del lenguaje.

PROFESOR: Lo leí.... (*Pausa.*) ¿Sabés quién fue Paganini?

ANTONIO: Un músico.

PROFESOR: ¡Bien, correcaminos! Bueno... según se cuenta, Paganini estaba una vez tocando un concierto y se le rompió la cuerda del violín. Pero siguió tocando. Pero hete aquí que se le rompió otra cuerda. ¡Y siguió tocando! ¡Y no va y se le rompe la tercera cuerda! (*Comenta:*) Puta que hay que tener mala suerte.... ¡Y se le rompe otra cuerda! En fin... lo cierto es que terminó el concierto tocando en una sola cuerda. (*Pausa.*) Ahora, digo yo.... Paganini equivocó la profesión. Tendría que haber sido equilibrista de circo. Moraleja: Paganini fue un habilidoso estratega de la cuerda del violín. (*Lo mira.*) ¿Entendiste?

ANTONIO: Más o menos.

PROFESOR: No entendiste un carajo, correcaminos. Pero no importa. (*El profesor lo mira.*)

ANTONIO: (*Alegremente.*) Queremos invitarlo a salir un día los tres.

PROFESOR: (*Reacciona.*) ¿Cómo los tres?

ANTONIO: Y sí.... Salir una noche los tres. Ir al cine... a comer algo... a charlar....

PROFESOR: (*Se va poniendo mal.*) ¿De quién fue la idea?

ANTONIO: Mía. Y a Cecilia le pareció bien. Le encantó. (*Se hace una pausa prolongada. El profesor está tomando una decisión hasta que dice:*)

PROFESOR: Dame una ginebra.

ANTONIO: No puede tomar, profesor.

PROFESOR: ¡Que me des una ginebra, carajo! (*Antonio le tiende un vaso.*) Por lo menos que me den el derecho a elegir mi presión. Quiero llegar a 28. Batir el record. ¡En algo tengo que ser el mejor! (*El profesor bebe un largo trago que parece calmarlo. Sin embargo no pierde su tono irónico:*) Salir los tres.... ¡Qué bien! ¿Cómo lo decidieron, correcaminos? Contame.

ANTONIO: Pasamos dos días en el departamento de ese amigo que se va...

PROFESOR: (*Explota.*) ¡¿Pero dónde carajo se va ese hijo de puta?!

ANTONIO: Al interior.... Es viajante de comercio.

PROFESOR: Seguí.

ANTONIO: Y bueno.... Hablamos... hablamos mucho de lo que nos pasa.... Del futuro.... Esas cosas, ¿no? (*Breve pausa.*) Y hablamos de usted. Hablamos mucho de usted.

PROFESOR: Y le contaste que vos y yo nos vemos.

ANTONIO: (*Divertido.*) Sí.

PROFESOR: Le contaste todo. Desde el primer día que nos encontramos.

ANTONIO: Sí.... Desde el día que lo llamé para putearlo.

PROFESOR: ¿Y Cecilia qué dijo?

ANTONIO: Se cagó de risa.

PROFESOR: (*Con amargura.*) No tenías derecho....

ANTONIO: No lo entiendo.

PROFESOR: ¿Por qué le contaste todo?

ANTONIO: Nosotros nos decimos siempre la verdad.

PROFESOR: (*Estalla.*) ¡¡Me cago en la verdad de ustedes!! ¡¿Y yo qué soy!? ¿Un sorete?

ANTONIO: (*Asombrado.*) ¿Por qué dice eso, profesor?

PROFESOR: Son dos hijos de puta.... Dos pendejos hijos de puta.... Ahora sí.... Ahora salgamos los tres. Ahora que ella sabe que yo soy el viejo Yepeto. ¡Salgamos los tres! Vamos a ver la retrospectiva del cine sueco así el profesor nos explica el mundo místico de Bergman y su relación con.... ¡La concha de su hermana!

ANTONIO: (*Alcanza a decir.*) ¿Qué le pasa, profesor?

PROFESOR: (*Sigue descargando.*) Y después vamos a cenar y el profesor nos va a contar que estuvo presente el día que Flaubert, en un viejo café de París, le contó a Balzac que tenía una idea para una novela sobre la vida de una mujer.... Y Balzac le preguntó: "¿Qué título le vas a poner?" "Madame Bovary." Y Balzac le dijo: "Es un título de mierda. No la escribas."

ANTONIO: No lo entiendo, profesor...

PROFESOR: ¡Sí que entendés! ¡entendés todo! Cuando salgamos los tres, haceme acordar que se lo cuente a Cecilia. Ella se va a reír. Y después de la cena nos vamos a tomar un café al viejo bar de Villa Devoto donde el profesor iba cuando tenía la edad de ustedes.... Y ahí, el viejo titiritero se toma dos ginebras y los puede hacer reír, con frases propias, otras copiadas y, quizás... ¡quizás! si está inspirado, con una frase original. Hasta que, a cierta hora, suelo orinarme encima. En ese caso, por favor, me traen hasta casa. Y después, ustedes se van a copular cuatro días seguidos a la casa del hijo de puta ese del viajante de comercio. (*El profesor está agotado. Su mezcla de malestar físico y dolor es evidente. Bebe. Antonio lo mira un instante y luego dirá con toda ingenuidad.*)

ANTONIO: Cecilia y yo lo queremos mucho. (*El profesor lo mira un instante. Comenzará a tirarle con todo lo que tiene a mano.*)

PROFESOR: Es lo peor que podías decirme.... ¡Imbécil! (*Se le va acercando e intenta pegarle.*) ¡¡Imbécil!! (*El manoseo los ha acercado físicamente hasta que el profesor convierte la agresión en un abrazo. Por fin, el afecto estalla.*) Yo también los quiero mucho, correcaminos. (*Hay un tiempo hasta que el profesor se arrepiente de su desborde emocional. Se separa. Bebe. Antonio, ante la confesión del profesor, se siente habilitado para confesar.*)

ANTONIO: Profesor.... (*Saca un papel del bolsillo y se lo entrega.*)

PROFESOR: ¿Qué es esto?

ANTONIO: Le escribí un poema a Cecilia.

PROFESOR: (*Irónico.*) ¿Pero, por qué, pobre chica? ¿Qué te hizo? (*El profesor toma el papel, se cala los anteojitos y lee.*) No está mal, correcaminos.... No está mal. Claro que "abandonado como un niño en el desierto...." No es muy feliz. No, no. En principio, "abandonado como...." Olvídalo. En 1924 Neruda escribió "abandonado como los muelles en el alba." No es una genialidad, pero hay que superar esa imagen.

ANTONIO: Pero yo no voy a escribir un buen poema...

PROFESOR: ¡Pero Cecilia te lo va a exigir! (*Sigue leyendo.*) Mierda... mierda.... (*Lo miracompasivamente.*) ¿Cómo se puede poner la palabra "azabache"? Deberían prohibírsela hasta a los vendedores de artesanías. (*Lee y se detiene.*) "Desde la profundidad de tu mirada oscura...." (*A Antonio.*) Si es profunda es oscura. (*Tacha, escribe y al mismo tiempo dice:*) "Desde la profundidad de tu mirada azul...."

ANTONIO: (*Protesta.*) Pero Cecilia tiene los ojos oscuros....

PROFESOR: ¡Y qué carajo importa Cecilia! ¡Estamos hablando de poesía! (*Sigue leyendo.*) Alta mierda... alta mierda.... (Se detiene y explota.) ¡¿Qué es esto?! ¿Lunas redondas? ¿Las tetas? ¿Las tetas dos lunas redondas? ¡Es deplorable! André Breton escribió: "Mi mujer con senos de crisol de rubíes. Con senos de espectro de la rosa bajo el rocío." ¿Cómo podés llamarlas lunas redondas?

ANTONIO: (*Molesto.*) Para mí son dos lunas redondas....

PROFESOR: (*Indignado.*) ¡Entonces poné las tetas de Cecilia! ¡Las grandes tetas de Cecilia! ¡Y dejémonos de joder! (*Estruja el papel y lo tira.*) ¡Esto es mierda! ¡Pura mierda! (*Antonio ha quedado resentido. El profesor bebe. Lo mira un instante. Luego dice:*) ¿Para qué le escribiste un poema si podés hacerle el amor? (*Ahora es Antonio el que bebe y se toma su tiempo para decir:*)

ANTONIO: Usted está enamorado de Cecilia. (*El profesor lo mira. Por primera vez no sabe qué contestar.*) Yo le pregunté a Cecilia si estaba enamorada de usted.

PROFESOR: ¿Y qué te contestó?

ANTONIO: Que no. Entonces le pregunté: pero estuviste enamorada de él. "Estuve enamorada del misterio," me contestó. ¿Qué me quiso decir?

PROFESOR: Esa pendeja es una hija de puta. Sabe mucho.

ANTONIO: Yo no sé si no está enamorada de usted.

PROFESOR: Ya no. Cuando ella escribió el poema mató el misterio. Ya no. (*Se hace una pausa prolongada. El profesor bebe, profundamente angustiado.*) En definitiva, un escritor se apasiona con la realidad sólo cuando le sirve para escribirla. Y, cuando la escribe, deja de apasionarlo. Se acabó el misterio. (*El profesor se toma su tiempo para decir.*) Y ahora andate, que tengo que trabajar. (*Antonio va hacia el bar. Se sienta junto a la mesa donde permanecerá en la actitud de quien espera a alguien. Está tranquilo. El profesor comenzará a recoger los papeles que fue tirando al piso durante la obra. Los revisa. Se sirve un vaso de ginebra y bebe. Mira los papeles y anota. De pronto exclama, alegre:*) ¡Claro...! Cuando Julia revela su amor por el teniente de húsares, se acaba el misterio. El tutor deja de amarla. Se libera de su amor. Se libera. Porque se acabó el misterio. Ahí está todo. (*Pausa.*) Como dijo Prevert: "Sólo amo a aquellos que me aman." (*El profesor escribe frenéticamente. Lee lo que escribió.*) Y el Tutor se preguntará.... "¿Cómo pude, alguna vez, amar a Julia?" (*El profesor está feliz. Mira a Antonio y le dice:*) Podés copular con Julia hasta el día de tu muerte.(*Vuelve al papel. Su rostro se ensombrece.*) ¿Y para qué me sirve? En el mejor de los casos, será un cuento genial. (*Se toma su tiempo para decir algo que, a esta altura de su vida, es la más dolorosa de las conclusiones:*) ¡Me cago en la literatura!

FIN

El fantástico mundo teatral de Eduardo Rovner

Eduardo Rovner es un talento extraordinario de Argentina de una promoción posterior a Roberto Cossa. Nacido en 1942, termina sus estudios como ingeniero eléctrico en la Universidad de Buenos Aires en 1967. Sus intereses en la música lo llevaron a estudiar violín en el Conservatorio Municipal de Música, y luego terminó un título en psicología social en la Escuela Enrique Pichón Riviere en 1978. Durante muchos años se dedicó a una industria familiar hasta separarse totalmente en los años 90 para dedicarse exclusivamente al teatro. Mientras tanto, se había desempeñado como director del Teatro Municipal General San Martín desde 1991 a 1994.

Participó en el Consejo Nacional de Cultura en 2001 hasta que lo nombraron director del Plan Estratégico Cultural para la Municipalidad de Buenos Aires. Ha ayudado a crear la Fundación Somi (Carlos Somigliana) y la Fundación Roberto Arlt, las dos creadas para auspiciar la dramaturgia y la investigación teatral. Su carrera se distingue no sólo por sus muchos textos teatrales, que vamos a comentar a continuación, sino también a su labor en pro del teatro, dando clases, talleres y seminarios en Argentina y en el extranjero, y en general haciendo lo posible para fomentar el buen teatro.

Amén de ciertas incursiones en el teatro como joven, Rovner comienza su carrera teatral en serio en el año 1976 cuando, para aliviarse de un divorcio, escribe *Una pareja: Qué es tuyo y qué es mío*, una primera obra cuyo diálogo y situación resuenan a *Quién le teme a Virginia Woolf?* Al año siguiente estrena *¿Una foto….?,* una obra que revela un dominio extraordinario de crear efectos especiales, de manipular una imagen central, y más que nada, de crear un subtexto sutil con un fuerte mensaje político. El matrimonio que insiste en que su bebé sonría para su foto, empleando medios agravantes y mortales para alcanzarlo, se parece al gobierno argentino que insiste en la paz y seguridad de su pueblo por matarlos si es necesario. Hay que recordar que para este año Argentina ha entrado plenamente en la Guerra Sucia y cualquier sugerencia de crítica hacia el gobierno era particularmente peligrosa.

En 1981, el año inicial de Teatro Abierto, Rovner estrena *Ultimo premio* en el Teatro Payró de Buenos Aires. La pieza indaga en cuestiones filosóficas por medio de dos hombres que extrañamente comparten una relación simbiótica como padre/hijo. Los dos personajes alcanzan nuevos niveles de entendimiento sobre sí mismos y de los sistemas de valores dentro de una sociedad en la que el éxito es fugaz y acarrea tanto desilusiones como sueños. En 1983 Rovner participa en el tercer ciclo de Teatro Abierto con *Concierto de aniversario*, una obra que resuena al grotesco argentino debido a la conducta de cuatro músicos que intentan ser no interrumpidos mientras ensayan el Tercer Cuarteto "Rasoumovsky" de Beethoven. Esta actividad, aparentemente inocua, se vuelve violenta cuando, tras golpear a la esposa moribunda de uno de ellos, matan al hijo que llega a defenderla. Su agresividad hace eco de las tácticas militares del régimen fascista que se dedicaba al objetivo noble de preservar la nación mientras la destruía. Beethoven, de una manera grotesca, es convertido en instrumento de la muerte.

La primera obra de Rovner en dos actos es *Sueños de náufrago* (1985) en la que, una vez más, se reflejan las inquietudes del autor sobre ciertos asuntos éticos y morales de nuestra época. La acción se desarrolla entre 1940 y 1985, y abarca desde el genocidio de la Segunda Guerra Mundial hasta la amenaza subsecuente de aniquilación por armas nucleares. A través de una dialéctica entre la desesperanza de una humanidad destructiva y los vicios del placer, Rovner ilustra la paradoja de las dicotomías entre obligaciones de la sociedad y los instintos humanos de gratificación. En 1989 Osvaldo Pellettieri dirige *Y el mundo vendrá*, una pieza que presenta una visión bastante negativa del carácter argentino por medio de un hombre, una especie de Zorba el griego, que propone hacerse rico de forma rápida, engañando a los turistas. El vivir en un mundo irreal de fantasías, en lugar de dedicarse a una labor dura y decente, parece simbolizar la concepción que tiene Rovner de muchos de sus compatriotas, lo cual explica, tal vez, la crisis político-económica de su país.

En *Lejana tierra mía* (1992), cuyo título proviene de una conocida canción de Alfredo Le Pera y Carlos Gardel, Rovner expresa su profunda fe en la humanidad a pesar de las vicisitudes políticas y económicas que surgen constantemente. *Carne* (1993) continúa la tradición que Rovner estableció con *¿Una foto...?* y *Concierto de aniversario*. Esta obra breve mezcla lo erótico y lo absurdo con un subtexto del manifiesto autoritarismo. El marido, después de una abundante comida, mira los pechos atractivos de su mujer, quien, en un acto no exento de sensualidad, se los ofrece. El resultado es una situación grotesca que refleja un discurso machista que apunta a la explotación y victimización de la mujer. *Compañía* (1994) ofrece otro intento de establecer nuevos parámetros dentro de un sistema de valores por medio de la incorporación de una tercera persona dentro de una relación matrimonial. La importancia de la pieza se encuentra en desarrollar un mejor entendimiento de la integridad y compasión de otros.

En 1999 Rovner publica su tercer tomo de teatro, una colección que incluye *Tinieblas de un escritor enamorado, El otro y su sombra, La mosca blanca* y *Sócrates, el encantador de almas*. El denominador común de estas cuatro obras es el enfoque sobre la muerte, no en el sentido casual o accidental de las obras anteriores sino en una forma filosófica y contemplativa. Todas las obras emplean técnicas metateatrales, conscientes de su propia creación. Todas dependen de la imagen de una sombra. En *Tinieblas de un escritor* enamorado un escritor visita el Infierno después de su muerte con resonancias de los viajes inolvidables de Dante. Los niveles del discurso reflejan la doble dicotomía entre la vida y la muerte y el Paraíso y el Infierno. Sobre todas estas oposiciones binarias existe la cuestión artística de penetrar el otro mundo con sus facciones terrestres como proyección de la imaginación creadora del escritor. En la segunda obra, *El otro y su sombra*, el protagonista es un hablador compulsivo, una característica de su profesión de vendedor ambulante. Su alter ego lo acompaña en un hotel donde una corriente de agresión lleva al primero a suicidarse. Lo que aparenta ser una situación frívola se vuelca en un asunto filosófico de vida y muerte.

La mosca blanca igualmente trata de cuestiones de vida y muerte. Dos personajes consideran una larga lista de filósofos, pensadores y héroes así como cuestiones de salvación, ideales y el sentido de la vida. Después de intentos de suicidarse, los dos quedan heridos pero optan por la vida al final. Como siempre Rovner mantiene el ritmo dramático por incorprar elementos cotidianos que acompañan los juegos de este encuentro filosófico. La combinación de elementos míticos sobre los misterios de la vida con los placeres diarios, como en este caso la música de Shostakovich, dan a la obra un profundo sentido de humanidad. La cuarta obra de esta serie, *Sócrates, el encantador de almas*, o *Vivir o no vivir*, es un monólogo basado en los últimos momentos en la vida del gran filósofo griego. La obra mantiene su tensión dramática por medio del diálogo de Sócrates con su sombra, en que constantemente re-examina sus valores, sus conceptos éticos, la dedicación a la verdad y la búsqueda constante de la esencia de la vida. Estas cuatro obras presentan elementos que constituyen la esencia de la condición humana. En vez de escribir ensayos o largas disquisiciones filosóficas, Rovner busca la ecuación ideal para transmitir estas inquietudes en obras dramáticas, muchas veces cómicas y lúdicas y siempre atractivas.

En julio de 2001 se estrenó la versión musical de *La nona*, preparada por Rovner a base de una canónica obra argentina escrita por Roberto Cossa en 1977. La obra dramatiza el caso de una mujer anciana, La nona (abuela) con un apetito voraz que lleva a su familia humilde a la destrucción total. Aunque se ven varias maneras de interpretar esta acción destructiva, la metáfora de una sociedad que consume todo representa bien la condición actual de Argentina sufriendo una crisis de proporciones insólitas. Su obra reciente, *La sombra de Federico*, escrita en colaboración con el español César Oliva, presenta una visión muy personal de los últimos días de Federico García Lorca, el gran poeta asesinado al comienzo de la dictadura de Francisco Franco. Valiéndose de los temas constantes de la muerte, el miedo y el olvido, además del miedo del olvido, logra presentar al poeta victimizado por un sistema político fuera de control, lo cual lleva sus resonancias de ciertas épocas políticas en la Argentina también.

Volvió una noche ganó el Premio Casa de las Américas en 1991 aunque no se estrenó hasta 1993 en Montevideo donde ganó otros premios. La obra trata el caso de una mujer judía que regresa de la tumba para vigilar y cuidar a su hijo único. La línea divisoria entre la vida y la muerte queda tenue en la literatura latinoamericana, como se ha visto en novelas tales como *Memorias Póstumas de Bras Cubas* (Machado de Assis), *El árbol* (María Luisa Bombal) y *Pedro Páramo* (Juan Rulfo). Es menos frecuente el uso de esta técnica en el teatro aunque hay antecedentes. Se mantiene una distancia estética entre Fanny y los otros personajes, ya que nadie menos el hijo la puede ver.

La conflación de la vida y la muerte, como si fueran dos mundos totalmente naturales apenas separados, conduce a situaciones graciosas llenas de humor. Por los dos lados existen rutinas cotidianas y costumbres "normales." En una escena un grupo de teatro del cementerio ensaya *La llegada de un viajero*, lo cual da una perspectiva inversa y graciosa sobre la obra famosa de Arthur Miller. Y casi al final, llegan estos mismos amigos para ayudar a Fanny a celebrar su aniversario – los diez años de su "llegada" al otro lado. En vez de darnos una perspectiva mórbida o lúgubre de la "otra vida," todo parece perfectamente aceptable en las nuevas circunstancias de Fanny.

Esta obra aparenta ser una comedia ligera pero lleva adentro una maravillosa gama de temas profundos. No existe otro fenómeno humano más universal que la muerte, presentada aquí con una ligereza y simpatía que trasciende fronteras geográficas y políticas del mundo, lo cual sin duda ha aportado mucho al éxito internacional de la obra. Otra temática, la del amor de una madre por su hijo, resulta fundamental, cuando se ve al final que, a pesar de las diferencias impresionantes de origen, religión y cultura en las dos madres de este texto, hay cualidades humanas que son más importantes. Y a fin de cuentas, las referencias a una crisis nacional y los problemas del desemplo son características que también tienen una desafortunada resonancia universal. Vale mencionar la importancia del tango y el gaucho, dos elementos fundamentalmente argentinos que sirven, paradójicamente, para extender el alcance universal de la obra. El sargento

Chirino es una figura intertextual sacada de la famosa pieza argentina *Juan Moreira* del siglo XIX.

La obra ha ganado premios prestigiosos en Argentina, Costa Rica, Cuba, España, Nueva York, Uruguay, y otros lugares donde ha sido vista por miles de espectadores. Además de muchos montajes en Estados Unidos (e.g., Nueva York, Houston, Washington) y por toda la América Latina desde el cono sur hasta México, la obra ha tenido una enorme repercusión internacional, siendo traducida a muchos idiomas y montada en varios países europeos, notablemente en la República Checa donde se ha mantenido en cartelera casi sin interrupción desde el año 2003.

Eduardo Rovner sigue siendo un hombre totalmente dedicado al teatro. Un proyecto reciente abarca la publicación de una larga serie de colecciones de textos teatrales escogidos de Latinoamérica y Europa.

Puesta en escena en el Teatro de Vinohradsche de Praga

Volvió una noche

Eduardo Rovner

Premio Casa de las Américas 1991

PERSONAJES

MANUEL	SALO
FANNY	JEREMÍAS
DOLLY	PERLA
ANÍBAL	SARGENTO CHIRINO
JULIO	

Volvió una noche se estrenó en el Teatro de la Gaviota, sala del Teatro Stella de Montevideo, en 1993.

FANNY	Lilian Olhagaray
MANUEL	Franklin Rodríguez
DOLLY	Bettina Mondino
ANÍBAL	Edgard Cavalleri
JULIO	Gerardo Tulipano
SALO	Omar Robella
PERLA	María Laura Castro
SARGENTO CHIRINO	Duilio Borch
Escenografía	Adan Torres
Dirección	Jorge Denevi

Escena 1

El café concert de Aníbal. Un pequeño escenario. Manuel (violinista), Aníbal (dueño del bar y bandoneonista), Dolly (flautista y novia de Manuel) y Julio (contrabajista) están tocando el tango "Volver." Se los ve felices, disfrutando de lo que hacen. Gestos de aprobación entre ellos. Miradas cariñosas entre Dolly y Manuel.

Escena 2

En un lugar del escenario, una luz ilumina medio cuerpo de Manuel, quien habla dirigiéndose hacia abajo.

MANUEL: (*Entusiasmado.*) ¡No se puede creer! Primero, él la mira desde la pantalla a ella que está comiendo pochoclo en la platea ¿Te das cuenta? ¡Desde la pantalla! Y después.... (*Pausa. Luego, contestando.*) El está vestido de explorador... con pantalones cortos y sombrero... de explorador.... (*Duda.*) No, esta semana no fui al teatro.... Tuve un caso complicado.... Un paciente que se dejó estar con una infección y... bueno, le hice una intervención.... Sí, quedó bien.... ¡Te digo que quedó bien! ¡No me pongas nervioso!.... Mamá, no vine a visitarte al cementerio para discutir!!!.... ¡Es que no se puede hablar con vos, mamá! ¡No escuchás nada!... (*La luz se amplía e ilumina el lugar hacia donde habla Manuel. La tumba de la madre, en medio de otras.*) ¡Si para todo tenés una contestación!... (*Da unos pasos. Va a continuar hablando, pero ve a alguien que se acerca. Se agacha, tratando de disimular, a arreglar unas flores que ensucian la tumba. Luego, saca un pañuelo, le echa aliento a la foto y la lustra. Se queda mirando la foto, inseguro.*) Vieja... tengo algo que decirte.... Es muy importante para mí.... (*Duda, está muy nervioso.*) Lo que quiero decirte... es que... yo.... Suponete que yo... quisiera... (*Repentinamente, se para y se da vuelta.*) Nada... ¡No te supongas nada!...¡Nada!... ¡Que... que el martes tenemos una presentación... especial con el conjunto!.... ¡Eso!.... ¡Seguro que era esto lo que te iba a decir!... ¿Cómo que no me creés?.... ¿Por qué no?.... Es especial porque… vamos a estrenar... unos cuartetos... de Beethoven.... Sí ¿Viste qué bien?.... En el Café Concert... de Aníbal... ¿Qué?.... ¿De nuevo con eso? ¡No es ningún piringundín! ¡Te dije que lo hizo

Café Concert!.... ¡En serio, quedó precioso!....Te encantaría si lo vieses.... ¿Y por qué no Beethoven en un café concert? ¿Qué tiene de malo?.... ¡Seguro! ¡Queremos hacerlo popular!.... ¡No te rías! ¡Es la verdad!.... ¡Bueno, está bien! ¡Hoy no vine para discutir nada!.... ¿Cómo a qué vine?.... Te dije.... (*Se quiebra.*) ¿La verdad?.... Vine a decirte... que... que... ¡Esperá un poco! ¡No me apures!.... (*Con un esfuerzo enorme.*) Me... me caso el jueves....

FANNY: (*Desde la tumba.*) ¡¡¿Qué?!!.... (*Manuel se espanta. Retrocede unos pasaos y, de la neblina, como saliendo de la tumba, aparece Fanny. Se arregla la ropa y el peinado y se sacude los restos de polvo.*) ¿Qué dijiste?.... (*Se saca tierra de la oreja. Manuel, anonadado, no contesta.*) ¡Hablá! ¡Me parece que no te escuché bien! ¿O te volviste loco?.... (*Manuel retrocede aterrorizado.*) ¿Y con quién?.... ¡Vení, contame! (*Manuel se da vuelta y escapa corriendo. Fanny da unos pasos hacia él, con dificultad.*) ¿Dónde vas? (*Manuel desaparece y, de las otras tumbas, salen otros muertos.*)

SALO: ¿Qué pasa, Fanny?

FANNY: ¡Miren lo que me hace!

JEREMÍAS: ¿Qué te hizo?

FANNY: ¡Se casa en tres días y yo no sabía nada! ¡Ni con quién, ni cómo! ¡Viene todas las semanas, me cuenta con detalles los chismes del barrio, las películas que dan, las obras de teatro, sus éxitos como cirujano y como músico... y justo esto, no! ¿Cómo puede ser?

PERLA: Se habrá olvidado.... (*Cambia.*) ¿Querés que te diga? ¡Son todos iguales!

FANNY: No digas pavadas ¿Querés? ¡Se casa! ¿No escuchaste? ¡¡Se casa!!

SALO: Tranquilizate, Fannushka.

JEREMIAS: (*Es un viejo barbudo, con sombrero.*) No te pongas así, te va a hacer mal. (*Salo toma del hombro a Fanny para calmarla.*)

PERLA: Seguro, no vale la pena hacerse malasangre…. (*Cambia. A Salo.*) Ese muchacho es un atolondrado. Dice cada cosa.... A mí, que estoy en la tumba de al lado.... (*Señala su tumba.*) me tiene cansada.

SALO: ¿Así la ayudás? ¡Encima del drama que tiene!

PERLA: ¿Y qué querés que haga, que vaya a decirle a ese idiota porqué no le contaste a tu mamá? ¡No es mi hijo!

FANNY: ¡No le digas idiota!

PERLA: (*A Salo.*) ¿No ves? ¡Ahora lo defiende!

SALO: ¿Y qué pretendés? ¡Es la madre!

JEREMIAS: (*A Fanny.*) Bueno ¿Qué vas a hacer? ¿Te lo dijo? ¡No! Bueno, ya está.

FANNY: ¡Qué fácil es para vos! ¿Por qué no te ponés en mi lugar?

JEREMIAS: Yo no tengo hijos.

PERLA: Yo tengo ¿Y?.... Conocí a mi nuera y todo ¡Un pan de Dios! ¿Y quieren que les diga la verdad? ¡Me morí por eso!

FANNY: ¡A mí no me va a sacar de encima tan fácil!

SALO: ¿Qué vas a hacer?

FANNY: (*Misteriosa.*) Ya va a ver... Vuelvan a sus cuchas y déjenme a mí (*Todos, menos Fanny, van volviendo a sus tumbas.*)

SALO: No hagas locuras.

PERLA: ¡Como si supiese hacer otras cosas!

SALO: (*A Perla.*) ¡Basta ya!... (*A Fanny.*) Sabés cómo sos. Después te arrepentís.

FANNY: Esta vez va a ser diferente.

SALO: ¿Cuántas veces dijiste lo mismo?

FANNY: No las conté.

SALO: No te demores (*Le da un beso y se va.*)

PERLA: (*A Jeremías, señalando una tumba.*) El siempre igual ¿No podía levantarse, aunque sea para estar?

JEREMIAS: Mañana va a decir que no se sentía bien ¿No lo conocés? (*Perla asiente.*)

FANNY: (*Mirando el cielo.*) ¿Por qué? ¿Por qué me salió así? ¡Dios! ¿Qué puedo hacer con este chico?

(*Aparece, desde algún lugar imprevisto, el Sargento Chirino, con su bayoneta. Fanny y los demás dirigen sus miradas hacia él y lo miran sorprendidos.*)

CHIRNO: ¡Naides se ha de negar
a los ruegos de una madre
que al fruto de sus entrañas
no ha podido dominar!
Por eso he dejau el cielo
donde la vida es un cuento
aburrido y sin espinas.
No tenga ninguna duda,
mi intención es cristalina.
Yo sólo bajé a estos pagos
a ponerme a su servicio...
pa' lo que guste mandar.

FANNY: ¿Y vos quién sos?

CHIRNO: Soy el Sargento Chirino
matador de Juan Moreira.
¡No doy este dato al pedo!
Ni es que quiera impresionar,
porque un milico valiente

no elige con quien pelear.
Lo digo... porque es la historia...
y me gusta ricordar.
FANNY: ¡Hablá claro! ¿Qué hacés acá?
CHIRINO: No se impaciente señora.
ya le habré de contestar.
Que ansí como en esa historia
me tocó ese papel,
al que debo, reconozco,
un lustre que ni soñé,
si en ésta debo dejarle
la doma del gaucho a usté,
yo solamente le digo:
mi ayuda... es de confiar.
¡Que no se espante la hacienda
frente a un gaucho retobau!
No hay chúcaro en esta pampa
que me gane una pendencia,
ni jinete, por más diestro,
que me pueda sofrenar.
Si es culpable la sentencia,
las cuentas ha de saldar.
FANNY: ¡No entiendo nada!.... (*Mirando a los otros.*) ¿Qué quiere decir?.... (*Los demás contestan con gestos de no saber.*)
JEREMIAS: (*Mostrándole a Salo su vestimenta.*) ¿Yo parezco un gaucho?
PERLA: ¡Decile que esto podrá ser un campo santo, pero que no es ninguna hacienda! ¡Insolente!
JEREMIAS: (*A Perla.*) ¿Qué nos quiso decir?
PERLA: (*Murmurando.*) Hacienda... (*Grita.*) ¡Más animal serás vos!
SALO: ¡Cálmense! No quiso ofender.... (*A Fanny.*) Dice que si querés hacerle algo a tu hijo, él te puede ayudar.
FANNY: (*A Chirino.*) ¿Qué le vas a hacer?
CHIRNO: Lo que usté me indique.
FANNY: Quiero que.... (*Mira a los otros.*) ¿Qué le puedo pedir?...
PERLA: Decile que se vaya, que aquí no tiene nada que hacer.
JEREMIAS: Con violencia no vas a lograr nada, confiá en Dios.
FANNY: ¿Qué Dios ni Dios? ¡El se ocupa de cosas importantes, no de idiotas como mi hijo!

PERLA: Entonces pedile que le meta ese cuchillo sabés donde… así aprende.

SALO: Fannushka, dejalo tranquilo.

FANNY: ¿Para que siga haciéndome sufrir?…. ¡Ya sé! (*A Chirino.*) Quiero que le hagas sentir… el dolor de una madre que sufre.

CHIRNO: ¡Sólo necesito el nombre de ese gaucho endemoniau!

FANNY: (*Duda, hasta que se decide.*) ¡Manuel Stern! (*Chirino se asombra. Apagón.*)

<h2 style="text-align:center">ESCENA 3</h2>

La casa de Manuel. Es una casa antigua con un living y un dormitorio. El clima es de cierta tristeza y algo lúgubre. Muebles antiguos y algunos otros objetos indican que la casa se mantiene en las mismas condiciones que hace muchos años. Están las luces apagadas. Entra Manuel, muy nervioso, despeinado y desarreglado. Prende las luces, va al dormitorio, se saca el saco, lo tira sobre la cama y comienza a vaciar los bolsillos sobre su mesita de luz. Desde algún lugar, aparece Fanny. Manuel no la ve.

FANNY: ¿Estas son horas de llegar?

(*Manuel, casi paralizado, lentamente se da vuelta y la ve.*)

MANUEL: … ¿Qué hacés acá?

FANNY: ¿Qué hago acá? Quiero que me repitas lo que me dijiste antes…. Me parece que no entendí bien…. (*Manuel, quien sigue absorto, no contesta.*) ¿Y? ¿Qué fué lo que dijiste?

MANUEL: Que… me caso.

FANNY: (*Asiente.*) Veo que entendí bien…. ¿El jueves, no?

MANUEL: … Sí….

FANNY: Y sin mi permiso… (*Manuel hace un gesto como intentando una disculpa.*) ¿Quién es?

MANUEL: … Una chica….

FANNY: Menos mal, es lo único que faltaba…. ¿Pero quién es? ¿De qué familia? ¿Cómo se llama?

MANUEL: … Dolly.

FANNY: ¿Dolly?…. ¿Qué nombre es ese?

MANUEL: Es… un diminutivo de… Dolor…. (*Se corrige.*) ¡Berta! Se llama Berta, pero la llaman Dolly.

FANNY: ¡Mirá vos! ¿Dolly qué? (*Manuel no contesta.*) ¿Qué apellido tiene?…. (*Manuel, aterrado, no contesta y extiende una mano hacia ella para convencerse*

de su existencia. Fanny lo interpreta como una muestra de cariño y se enternece.)
¿Estás contento de verme?.... (*Manuel asiente y Fanny se acerca.*) Pobrecito
¿Te asustaste?

MANUEL: ... Un poco....

FANNY: Vení, dame un beso.

MANUEL: Esperá....

(*Manuel escapa al baño y cierra la puerta.*)

FANNY: (*Sonriendo.*) Siempre corriendo a último momento.

(*Desde el baño, se escucha el sonido de un chorro de agua. Mientras Fanny saca
las cosas de arriba de la cama, la abre, apaga las del hall y del ambiente, prende
la luz del velador, y se acuesta en un costado de la cama. El ámbito aparece
ahora cálido y sugerente. Se abre la puerta del baño y aparece Manuel con el
pelo mojado y chorreando. Mira extrañado, primero sin verla, hasta que la ve
y, nuevamente, queda azorado.*)

FANNY: (*Apoyando su mano en la parte libre de la cama y mirándolo sonriente.*)
Vení, acostate acá.... Tenés cara de cansado.... (*Manuel, con temor y casi
hipnotizado, se acerca a la cama y se va a acostar.*) ¿Así, vestido?... (*Manuel
comienza a desvestirse.*) Estás flaco, hijo, parecés un esqueleto.... Mañana te
voy a preparar comida y voy a poner un poco de orden, que parece que acá
nadie se ocupa de nada.... (*Menea la cabeza. Manuel quedó en calzoncillos.*)
¿No tenés frío?... (*Manuel hace que no.*) Ponete algo, te vas a resfriar.

MANUEL: Hace calor.

FANNY: Bueno, hoy no quiero discutir, estoy muy cansada.... Acostate.... (*Manuel
se acuesta. Pausa.*) Es que... como hace dos noches hicimos una fiesta....
(*Manuel la mira absorto.*) ¿Qué me mirás así? ¡Fué nuestro día!.... ¡El de los
muertos!.... ¡Estuvo tan lindo!.... Los de mi manzana representamos una obra
que la venimos haciendo hace como cinco años.... ¿La verdad?.... Ya estoy
un poco aburrida.... ¡Qué sé yo! Me gustaría ponerme a hacer el vestuario
de otra.... ¡Renovarse es vivir! ¿No?.... (*Manuel, estupefacto, asiente.*) ¿Sabés
cuál hacemos?....

MANUEL: ... ¿Cuál?

FANNY: ¡La llegada de un viajante!.... ¡Es tan emocionante!.... La parte en que él
se decide a venir y se pega el tiro.... ¡Todos los que lo esperaban: los padres,
los abuelos, amigos y novias de los viajes, que ya habían llegado!.... ¡Todos
llorando de alegría al encontrarlo de nuevo!.... ¡Fue algo!.... ¿Querés que
te diga?.... ¡Esa obra es... un canto al amor! ¡Eso es lo que es!.... (*Manuel,
atónito, no contesta.*) ¿Te pasa algo, hijo?

MANUEL: ... No... nada....

FANNY: ¿Qué, tenés sueño?.... (*Manuel asiente.*) Disculpame.... Es que hace tanto que no nos vemos.... Bueno, igual... tenemos tiempo para hablar otros días ¿No?....

MANUEL: ...Sí...

FANNY: (*Acostándose nuevamente.*) Bueno, dormí tranquilo.... Hasta mañana (*Le da un beso.*)

MANUEL: ... Hasta mañana....

FANNY: Mañana... me vas a presentar a esa chica ¿Sí? (*Manuel asiente.*)
(*Fanny se duerme y comienza a roncar. Manuel se queda entre recostado y sentado, con los ojos abiertos. La luz baja lentamente.*)

ESCENA 4

(*Manuel se despierta, mira para todos lados y no ve a Fanny. Aliviado, se despereza eufórico y grita.*)

MANUEL: ¡¡Bieennn!!
(*Entra Fanny desde la cocina, trayendo un jugo de naranja.*)

FANNY: ¡Lindo día! ¿Eh?.... (*Dándole el vaso.*) Buen día, mi amor. (*Le da un beso. Manuel, nuevamente nervioso, va tomando el jugo.*) ¿Qué te pasó anoche? ¿Tuviste pesadillas?.... Amaneciste todo destapado.... Y después me echás la culpa a mí de que te duele la espalda.... Andá a ducharte mientras te preparo el desayuno.

MANUEL: ... Me ducho después.

FANNY: Después se te va a cortar la digestión.

MANUEL: (*Mirando el reloj.*) No me voy a duchar, se me hizo tardísimo. (*Se levanta y empieza a vestirse rápidamente.*)

FANNY: ¿Dónde vas?

MANUEL: A la.... ¡Al consultorio!

FANNY: ¿Al consultorio? ¡Te acompaño! Tengo unas ganas de conocerlo...

MANUEL: No... antes tengo que ir... a otro lado.

FANNY: ¿Adonde?

MANUEL: A un hospital....

FANNY: Bueno, no importa, voy otro día.... Hijo, no hay leche en la heladera.

MANUEL: Está en el armario.

FANNY: ¿Leche en el armario? ¿Donde se vio una cosa así?

MANUEL: Dejá, mamá, me tengo que ir.... Después me tomo un café en un bar.

FANNY: No, de ninguna manera, para trabajar como se debe hay que desayunar bien. (*Va hacia la cocina y vuelve con una bandeja con un tazón de café con leche, panes con manteca y mermelada, cereales, revistas de historietas, etc.*)

MANUEL: (*Sorprendido.*) ¿De donde sacaste todo ésto?

FANNY: Mejor no preguntes y comé.... (*Manuel, asombrado pero contento, se sienta a comer con entusiasmo.*) ¿También es profesional?

MANUEL: (*Mientras come y hojea las revistas, contesta con la boca llena.*) ¿Quién?

FANNY: Dolly.

MANUEL: ...Sí.... trabaja.... ¡Qué bárbaro! ¡Fantasía y el número de oro de Patoruzú! ¿Cómo los conseguiste?

FANNY: (*Irónica.*) En el kiosco del cementerio.

MANUEL: ¿En serio?

FANNY: ¿Cómo los voy a conseguir en el kiosco del cementerio? ¿Qué te pasa?

MANUEL: ¿Y entonces?

FANNY: ¿Todo tenés que saber?

MANUEL: No... pero....

FANNY: Bueno.... ¡Contestame dónde!

MANUEL: ¿Dónde qué?

FANNY: ¿Dónde trabaja?

MANUEL: (*Señalando el tazón.*) ¡Tiene nata!

FANNY: ¿Seguís con esa manía? ¡Es la gordura de la leche! ¡Y contestame! ¿Dónde trabaja?

MANUEL: ¿Pero por qué? ¡Siempre me hacés lo mismo! ¿Por qué no la colaste?

FANNY: Decime, rezongón. Dolly, cuando te hace el desayuno, ¿te la cuela?

MANUEL: ¡Seguro!

FANNY: Me imaginaba ¡Duerme acá!

MANUEL: ... A veces sí....

FANNY: ¿Y la familia no dice nada?

MANUEL: No.

FANNY: ¡Modernos!

MANUEL: (*Termina de comer y se levanta.*) Bueno, me tengo que ir.... Se me hizo tarde (*Se pone el saco.*)

FANNY: ¿Así te vas a ir?

MANUEL: ¿Cómo así?

FANNY: ¿Sin sobretodo?

MANUEL: ¡Otra vez!.... ¡Estamos en primavera!

FANNY: ¿Qué tiene que ver? ¡Después refresca!

MANUEL: Pero nadie usa sobretodo en esta época....

FANNY: (*Yendo a buscar el sobretodo al placard.*) Yo no te pedí opinión.

MANUEL: ¡Mamá, por favor!

FANNY: ¡Vení para acá! ¿No ves cómo tengo las piernas? ¡Diez años son diez años! ¿Vos qué te creés?

MANUEL: Si yo no dije nada...

FANNY: ¡Bueno, no me hagas correr y vení!.... (*Manuel se acerca resignado y Fanny lo ayuda a ponerse el sobretodo. Es notoriamente chico.*) ¡Ya me parecía! (*Se agacha a mirarlo abajo.*) ¿Tendrá dobladillo?

MANUEL: ¡Basta, mamá! ¡Me voy! (*Le da un beso y se va, precipitadamente, con el sobretodo puesto, hacia la puerta. La abre.*)

FANNY: ¡Esperá, nene!

MANUEL: (*Harto.*) ¿Qué?

FANNY: ¿Dónde está la tela?

MANUEL: (*Sorprendido.*) ¿Qué tela?

FANNY: La del traje de casamiento... (*Manuel no entiende.*) ¿No quedamos que te lo hacía yo?.... (*Manuel no contesta, tratando de entender.*) ¡Contestá! ¿Dónde está?

MANUEL: ... No la compré.

FANNY: ¿No ves que sos un dormido?

MANUEL: ¡Bueno! ¿Cómo iba a saber?

FANNY: Está bien.... Pero hoy traela sin falta ¿Eh? Si no no voy a tener tiempo.... (*Manuel asiente.*) Acordate... gabardina azul... de la mejor.

MANUEL: (*Le da un beso.*) Chau, vieja.

FANNY: (*Cuando él ya está saliendo.*) Y a Dolly.... ¿A qué hora la vas a traer?

MANUEL: No sé.... ¿A las nueve?

FANNY: Muy bien, vas a ver qué comidita voy a preparar.... Hijo.

MANUEL: (*Harto.*) ¿Qué?

FANNY: ¿Qué hora es?

MANUEL: (*Mira el reloj.*) Casi las diez.

FANNY: ¡Já! ¡Hoy sí que me pongo al día! (*Comienza a prepararse para salir.*)

MANUEL: ¿Con qué?

FANNY: ¡Con el cine! ¿Qué películas lindas están dando?

MANUEL: (*Asombrado.*) ¿Qué vas a hacer?

FANNY: ¿Sabés que voy a hacer? Me voy a meter en diez cines, de esos que dan de a tres películas.... Me lo tenía prometido. ¡Si alguna vez vuelvo, por lo que sea, me veo treinta películas....! ¡Ay, me muero de ganas de ir! Imaginate, teatro tenemos todo lo que queremos, pero cine.... (*Hace que no.*) No hay máquinas.... ¿Querés que te diga? ¡A los directores de cine, deberían enterrarlos con las filmadoras, los proyectores....! ¡Los egipcios no eran idiotas!....

MANUEL: ¿Cómo vas a ver treinta películas en un día?

FANNY: ¿Y por qué no?

MANUEL: ¡Cada película tarda por lo menos una hora y media!

FANNY: (*Despreciando el argumento.*) ¡Vos y tus tiempos!…. Decime una linda, así no me la pierdo.

MANUEL: No sé…. La que me gustó mucho a mí, que ví el otro día, fue "Feos, sucios y malos" de Scola.

FANNY: Te dije una linda.

MANUEL: Es maravillosa.

FANNY: ¿Con ese título?

MANUEL: ¿Qué tiene que ver?

FANNY: ¡Una película linda es para divertirse, no para amargarse!

MANUEL: ¿De nuevo vamos a discutir sobre esas cosas?

FANNY: ¡Veo que no te sirvieron de nada estos diez años! ¡Yo tenía esperanzas de que hubieses madurado un poco, pero seguís siendo el mismo! ¿Qué placer te da sufrir? ¿Por qué tenés que hacerte problemas por todo? ¡No entiendo! ¿La juventud de ahora sigue igual, pensando porquerías en los bares?

MANUEL: No.

FANNY: ¿No qué?

MANUEL: Piensan menos.

FANNY: ¿Ves? ¡Entonces el mundo está mejor!

MANUEL: ¡No! ¡Está peor! ¡Ahora a nadie le importa un carajo del mundo! ¡Lo único que les interesa es estar bien de acá! (*Se toca los bolsillos.*)

FANNY: Nene, nunca vas a cambiar…. Mejor me voy a Lavalle y me elijo una película yo. (*Termina de arreglarse y va hacia la puerta.*)

MANUEL: ¿Ahora, a la mañana?

FANNY: Paseo un poco y después voy.

MANUEL: ¿No era que estabas mal de las piernas?

FANNY: ¡Ya estoy bien! Dame un beso…. (*Manuel, azorado, se lo da.*) ¡No salgas sin el sobretodo! (*Se va.*)

(*Manuel la ve irse. Sin cerrar la puerta, va hacia un lugar donde tiene una botella de whisky, sirve un vaso lleno y se lo toma. Está desencajado, sin saber que hacer. Va hacia el teléfono. Marca.*)

MANUEL: ¿Aníbal?…. Manuel…. Por favor, venite ya a casa…. Sí, es grave…. No, no se murió nadie, al revés…. Después te explico, metele…. (*Corta. Va, compulsivamente, hacia un cajón en el dormitorio, saca unos álbumes de fotos y comienza a mirarlos.*)

ESCENA 5

Aparece en la puerta Dolly. Confundida al verla abierta, entra mirando con cuidado. Manuel escucha el ruido y guarda todo rápidamente.

MANUEL: ¿Mamá?

DOLLY: (*Se sorprende. Luego, aliviada, cierra la puerta.*) Sí, papito.... (*Manuel va del dormitorio al living.*)

DOLLY: (*Sonriente.*) ¿Qué hacés vestido así y con la puerta abierta?

MANUEL: Iba a… esperarte en la esquina.

DOLLY: (*Dándole un beso.*) Habíamos quedado que te pasaba a buscar.

MANUEL: Sí, pero… como tenía un poco de frío… (*Se muestra el sobretodo.*) quería tomar un poco de aire fresco.

DOLLY: (*Riéndose.*) No entiendo.

MANUEL: ¿No viste pasar a nadie raro…. por la calle?

DOLLY: ¿A quién?

MANUEL: A mi… a…. No, me pareció que…. No tiene importancia. ¿Cómo estás?

DOLLY: Bien, mi dulce. ¿Y ese sobretodo?

MANUEL: Te dije… tenía un poco de frío… y me puse lo primero que encontré.

DOLLY: ¡Qué loco que sos!

MANUEL: ¿Te parece?

DOLLY: ¿Desde cuándo tenés este sobretodo? Te queda muy chico.

MANUEL: Bueno, está bien…. Tampoco es para que te rías.

DOLLY: Es que estás muy cómico…. ¿Y así pensás salir de compras?

MANUEL: (*Duda.*) …¿No?

DOLLY: Me parece mejor que lo dejes.

MANUEL: No, por las dudas, lo llevo.

DOLLY: ¿Por las dudas de qué?

MANUEL: De que haga frío.

DOLLY: ¡Hace calor, Manu!

MANUEL: Si tengo calor lo llevo en la mano.

DOLLY: Vas a estar más cómodo si no lo llevás.

MANUEL: (*No sabe qué decir.*) Es que… (*Reacciona enérgico.*) ¡Lo quiero llevar! ¿Qué hay? ¿Qué te importa si yo quiero ir con sobretodo? ¿Yo te digo a vos qué es lo que te tenés que poner para salir conmigo?

DOLLY: No.

MANUEL: Bueno ¿Entonces? ¡Es "mi" sobretodo! ¡Y si lo quiero llevar lo llevo!

DOLLY: (*Sorprendida y alegre, se acerca, le da un beso y lo abraza.*) ¿Qué te pasa?

MANUEL: … Disculpame…. Estoy muy nervioso.

DOLLY: Es natural ¿No?…. Uno no se casa todos los días…. (*Manuel asiente.*) Yo también estoy un poco nerviosa…. El que está divino es Fede…. Dice que va a ser el único del grado que va a estar en el casamiento de la madre…. (*Pausa.*) ¿Sabés qué me preguntó ayer?

MANUEL: ¿Qué?

DOLLY: … Si después del casamiento… iba a ser hijo tuyo.

(*Pausa. Manuel, muy conmovido, comienza a lagrimear. Se pasa la mano por los ojos. Respira profundo.*)

MANUEL: ¡Que bárbaro!…. ¡Pichón hermoso!…. ¿Cómo puede ser que nunca hayamos hablado de éso?

DOLLY: … Yo…. no me animaba.

MANUEL: ¿Pero y cómo? ¡Me vuelve loco la idea de que Fede sea hijo mío! ¿Sabés las veces que lo pensé?

DOLLY: ¿En serio?

MANUEL: ¡Te juro! ¡Me imagino yendo los tres los domingos a Palermo…. Vos preparás unos mates, mientras yo juego con él a la pelota! ¿Qué tal? ¿No sería fantástico?

DOLLY: Y claro….

MANUEL: ¡Pero… es para hacer otra fiesta! ¿Está en el cole ahora?…. (*Dolly asiente emocionada.*) Lo voy a buscar a la salida, me lo llevo a un café… y le cuento que hasta va a figurar en la libreta de casamiento.

DOLLY: (*Lagrimeando.*) ¿Cómo podés ser tan sensacional, Manu?

MANUEL: Bueno… paremos… que si seguimos llorando vamos a inundar el departamento…. (*Dolly comienza a besarlo y acariciarlo apasionadamente. Manuel duda.*) No vendrá nadie, ¿no?

DOLLY: (*En medio de los besos.*) ¿Quién puede venir?

MANUEL: … No sé.

DOLLY: (*Llevándolo hacia la cama.*) No va venir nadie, vení…. Y si viene alguien, no le abrimos.

MANUEL: Hay gente… que no necesita que le abran.

DOLLY: ¿Quién más tiene llave?

MANUEL: Nadie.

DOLLY: Vení, mi amor…. Divino mío….

(*Se recuestan y empiezan a desvestirse en medio de los besos y las caricias. Cuando ya están desnudos, se meten debajo de la sábana y, cuando Manuel se pone arriba de Dolly, aparece el Sargento Chirino con la bayoneta en la mano, va corriendo hasta Manuel y se la clava en la espalda. Manuel, junto con el bayonetazo, pega*)

un grito de dolor y se arquea sobre su espalda poniendo su mano en el lugar
de la supuesta herida. Dolly, entre sorprendida y asustada, no atina a nada.)
CHIRNO: Así le sentenció el cura,
   a un creyente que decía
   que dominar no podía
   las súplicas de la carne;
   aunque la sangre te hierva
   y el músculo se haga piedra,
   hacé como el gaucho manso,
   no cojás, cumplile al Santo.
   (*Se va corriendo. Manuel se da vuelta pero no lo ve.*)
MANUEL: ¡¡La putísima madre!! ¿Quién fue?
DOLLY: ¿Qué te pasa, mi vida?
MANUEL: Una puntada... es terrible.... ¿Viste a alguien?
DOLLY: No, mi amor ¿Quién va a venir?
MANUEL: No se... escuché algo.
DOLLY: No, dulce, habrás hecho un mal movimiento.... Te hago unos masajes....
   (*Envuelta en la sábana, se levanta y comienza a masajearlo, mientras Manuel*
   se queja.) ¿Te alivia?
MANUEL: ... Sí.... (*Pausa.*) Mi amor....
DOLLY: (*Mientras sigue masajeándolo.*) ¿Qué?
MANUEL: ... ¿Vos me creerías... si yo te dijera que...? (*Pausa.*)
DOLLY: ¿Qué, mi vida?
MANUEL: ... Si yo te contara... que....
DOLLY: ¿Qué me querés contar?
MANUEL: Nada, nada.... (*Timbre. Manuel se asusta y se para de golpe.*) ¡Vestite!
DOLLY: ¿Qué pasa, mi amor?
MANUEL: No sé quién es.... (*Se viste rapidísimo poniéndose mal la camisa.*) Vestite,
   por favor.
DOLLY: ¿Y quién puede ser para que te pongas así?
MANUEL: ¡Te dije que no sé!.... Pero por las dudas (*Le da la ropa. Suena*
   nuevamente el timbre.) ¿No ves? ¡Por favor!.... (*Va hacia el living. Dolly se*
   viste.) ¿Quién es?
ANIBAL: (*Desde afuera.*) ¡Yo, Aníbal!
MANUEL: (*Despacio.*) Menos mal.... (*Fuerte.*) ¡Ya te abro, un minuto!... (*A*
   Dolly.) Apurate, mi vida.
DOLLY: Sí, voy.... ¿No te duele más?
MANUEL: No, ya se me pasó.

DOLLY: (*Entra al living terminando de vestirse.*) ¿Quién tenías miedo de que venga, Manu?

MANUEL: No sé…. No, es que Aníbal me llamó que venía… parece que tiene un problema grave y no lo quiero hacer esperar.

DOLLY: ¡Mirá cómo te pusiste la camisa!…. (*Se acerca para arreglársela.*) ¿Y las compras?

MANUEL: ¿Y cómo voy a dejarlo solo en una situación como ésta?

DOLLY: ¿Qué le pasa?

MANUEL: No sé… ahora me contará…. ¿Ya estás?

DOLLY: Voy al baño a arreglarme un poco…. ¿Cuándo compramos lo que nos falta?

MANUEL: Te llamo más tarde y vamos.

DOLLY: ¿Seguro?

MANUEL: Palabra, ni bien él se vaya, vamos.
    (*Dolly entra al baño.*)

ESCENA 6

MANUEL: (*Abriendo la puerta.*) ¿Qué hacés?

ANIBAL: ¿Qué pasa, Manu? Me preocupaste.

MANUEL: Está Dolly en el baño… no digas que yo te llamé.

ANIBAL: ¿Por?

MANUEL: Ella no sabe nada.

ANIBAL: ¿De qué?

MANUEL: Después te cuento… (*Fuerte para que escuche Dolly.*) ¿Qué? ¿Te volviste loco? ¿Qué me estás contando?

ANIBAL: ¿Qué decís?

DOLLY: (*Sale del baño, peinándose.*) Tranquilo, mi amor…. ¿Qué tal, Ani?

ANIBAL: Bien, linda. ¿Cómo estás?

DOLLY: ¿Cómo estás vos?

ANIBAL: ¿Yo?…. Bien.

DOLLY: No… como Manu me contó que…. (*Pausa.*) Me parece que metí la pata…. (*Manuel asiente.*) Disculpame… veo que es cosa de hombres.
    (*Aníbal no entiende nada.*)

MANUEL: Chau, mi amor. (*Le da un beso y la lleva hacia la puerta.*)

DOLLY: (*Preparándose para salir. A Aníbal.*) Chau, Ani… Una sola cosa… Acordate… si no hay un muerto, todo se arregla …. ¿Hay alguno?

ANIBAL: … No….

DOLLY: Entonces….

MANUEL: Andá, mi vida, dejanos solos…. (*La lleva hacia afuera.*)

DOLLY: Llamame…. (*Manuel asiente.*) Chau, chicos. (*La saludan. Manuel cierra la puerta.*)

MANUEL: (*Yendo hacia la botella de whisky.*) ¿Un whisky?

ANIBAL: No ¿Qué mierda pasa aquí, flaco? (*Manuel se sirve un vaso y se lo toma.*)

MANUEL: Hay un muerto.

ANIBAL: ¡No jodas! ¿Quién?

MANUEL: No me lo vas a creer.

ANIBAL: ¡Decime!

MANUEL: Mi vieja.

ANIBAL: ¿Qué decís? Si murió…. ¿Hace cuánto?

MANUEL: Sí, pero…. volvió.

ANIBAL: ¿Cómo volvió?

MANUEL: Volvió.

ANIBAL: ¿Quién?

MANUEL: Mi vieja.

ANIBAL: ¿Te volviste loco? ¿Cómo que volvió tu vieja?

MANUEL: (*Asiente.*) Está en casa…. Bueno, ahora se fue al cine, pero volvió.

ANIBAL: ¿Cómo que tu vieja está en tu casa, se fue al cine, volvió….? ¡Largá el whisky, boludo! ¿Qué estás diciendo? (*Le saca el vaso de la mano.*)

MANUEL: Lo que dije…. Vino para conocer a Dolly.

ANIBAL: ¿Me estás cargando?

MANUEL: No.

ANIBAL: Pero…. ¿Qué joda es ésta? ¡Es del peor gusto, Manu!

MANUEL: ¿A vos te parece que yo haría una joda así?

ANIBAL: No... me imagino que no…. ¡Te rayaste!

MANUEL: Te dije que no me ibas a creer.

ANIBAL: ¿Y cómo querés que te crea?

MANUEL: Ya sé... pero te lo tenía que contar.

ANIBAL: Sí, claro…. (*Reaccionando.*) ¡Dale, dejate de joder!

MANUEL: ¡No te estoy cargando! ¡Te lo juro! Anoche, cuando volví a casa me estaba esperando…. ¡Quiere conocer a Dolly!

ANIBAL: Tomate un tranquilizante, acostate, dormí, si querés un día entero… vas a ver que te levantas como nuevo.

MANUEL: Creeme, Ani, te lo juro por... por Dolly, que es lo que más quiero.

ANIBAL: (*Duda.*) ¿Le contaste a ella?

MANUEL ¿Qué?

ANIBAL: Eso... que volvió tu vieja... y que la quiere conocer.

MANUEL: ¡Ah! ¿A Dolly?

ANIBAL: Sí ¿A quién va a ser?

MANUEL: ¡No! ¿Qué querés, que me tome por loco?

ANIBAL: ¿Y qué vas a hacer?

MANUEL: ¡No sé! Ahora está esperando que la lleve.

ANIBAL: ¿Quién a quién?

MANUEL: ¡Mi vieja a Dolly!

ANIBAL: ¡Y encima me gritás! ¿Querés que te entienda así nomás?

MANUEL: ... Disculpame.

ANIBAL: No importa.... ¿Y qué hace?

MANUEL: De todo.

ANIBAL: ¿Te habla?

MANUEL: No para.

ANIBAL: ¿Y qué te dice?

MANUEL: ¡Qué sé yo! ¡Cosas de... de muertos!

ANIBAL: ¿Cómo cosas de.... ?

MANUEL: ¡Sí, cosas de muertos! ¡No te las puedo contar!

ANIBAL: Está bien.... ¿Y qué más te hace?

MANUEL: Hoy me preparó el desayuno... ordenó unas cosas.... Anoche.... (*Pausa.*)

ANIBAL: ¿Anoche, qué?

MANUEL: No se lo vas a contar a nadie, ¿no? (*Aníbal hace que no.*).... Durmió conmigo....

ANIBAL: (*Asombradísimo.*) ¿Cómo que durmió con vos?

MANUEL: Te lo pido por favor, Aníbal, no se lo cuentes a nadie.

ANIBAL: No... no te preocupes.

MANUEL: Que si se llega a enterar Dolly….

ANIBAL: ¡Quedate tranquilo, no se lo voy a contar a nadie!

MANUEL: Además, hace un rato me agarró un dolor de espalda… que me parece que….

ANIBAL: ¿Qué te parece qué?

MANUEL: Nada, nada.... Buá, ahora que te lo conté... me siento un poco mejor....
(*Se acerca a Aníbal y le pasa un brazo por el hombro. Aníbal, incómodo, trata de disimular.*) Necesitaba sacármelo…. Gracias, flaco.

ANIBAL: Por favor, Manu, ¿para qué están los amigos?
(*En ese momento se cae algo en el dormitorio y escuchan el ruido.*)

ANIBAL: ¿Qué fue eso?

MANUEL: No sé…. (*Mira el reloj.*) Tendría que estar en el cine.

(*Se abre sola la puerta del baño. Los dos miran atemorizados hacia ahí.*)

MANUEL: ¿Mamá?

(*Se oye el silbido del viento y un trueno.*)

ANIBAL: (*Yéndose asustado.*) Manu…. Tengo que rajar…. Mandale saludos….
Decile que ni bien pueda… me hago un ratito y la vengo a saludar…. (*Manuel asiente.*) Chau.

MANUEL: Esperá, yo también tengo que salir.

(*Salen los dos casi corriendo.*)

(*Apagón.*)

ESCENA 7

Casa de Manuel. Llega Manuel con un paquete y un libro en la mano. Fanny está arreglando la mesa para la cena con tres cubiertos puestos.

FANNY: (*Despacio.*) ¿La trajiste?

MANUEL: Sí, aquí está. (*Le da el paquete y guarda el libro en un lugar tratando de que Fanny no lo vea.*)

FANNY: A Dolly, digo.

MANUEL: Ah… no.

FANNY: ¿Por qué?

MANUEL: … No vino….

FANNY: Ya veo que no vino…. Estaré muerta pero no ciega…. ¿Por qué no vino?
¡Me pasé todo el día arreglando la casa y preparando la comida!

MANUEL: Esperá, mamá.

FANNY: ¿Esperá, qué?

MANUEL: ¡Esto es un disparate!

FANNY: ¿Qué es un disparate, que una madre quiera conocer a su futura nuera?

MANUEL: ¡Mamá! ¿Cómo hago para presentártela, qué le digo?

FANNY: ¿Cómo qué le decís?

MANUEL: ¡Sí! ¿Cómo le digo: Dolly, querida, te presento a mi mamá…. Vino de la tumba especialmente para conocerte?

FANNY: ¡Aaah! ¿Ese es el problema?

MANUEL: ¿Te parece poco problema?

FANNY: ¡Pero Manu, mi chiquitín, si vos sos el único que me ve y me oye!

MANUEL: ¿Vos estás segura de éso?

FANNY: ¡Que reviva en este mismo momento si no es así!

MANUEL: No, no… está bien, te creo.

FANNY: Ustedes comen como si estuviesen solos y yo, mientras, la miro, la escucho y… qué se yo, por ahí te comento algo a vos…. ¿Mañana la traés?

MANUEL: Mañana tengo un… concierto.

FANNY: Pasado, la última noche de solteros.

MANUEL: … Bueno….

FANNY: Vení, vamos a comer. ¡Vas a ver qué comidita que preparé!…. (*Muy seria.*) ¡Ah! ¡Una cosa, hijo!

MANUEL: ¿Qué?

FANNY: Estuve ordenando la cocina y encontré dos manzanas podridas.

MANUEL: Bueno... sí... me olvidé de tirarlas.

FANNY: No, escuchame…/ Si hay una cosa que "ahora" me da asco… que, realmente, no puedo soportar… son los gusanos…. Haceme el favor, después, cuando yo no vea, vas y las tirás…. Te pido por favor….

MANUEL: Está bien, mamá…. No te preocupes, yo las tiro.

FANNY: Y nunca más dejes algo que pueda criar…. ¡Ni quiero decir la palabra! Bueno ¡Basta con éso!…. (*Contenta, toma el paquete que trajo Manuel.*) ¿Es la tela?

MANUEL: Sí.

FANNY: ¿A verla? (*Apoya el paquete sobre la cama, lo abre y mira la tela, realmente, como una especialista.*) ¡Preciosa gabardina!…. Después te tomo las medidas, ahora vamos a comer. Sentate…. (*Mientras Manuel se sienta, Fanny va a la cocina y vuelve con una gran fuente de comida, cantando.*) ¡Jáaa! ¡Esto es vida!…. ¡Pobre mi Manu! No sabía cómo hacer y yo no me daba cuenta…. (*Menea la cabeza.*) ¡Qué confusión! ¿Eh?…. Bueno, ya pasó. Ahora…. ¡A comer! (*Comienza a servirle.*)

MANUEL: ¡Pescado relleno!

FANNY: ¡Sí, señor!…. ¿Está rico?

MANUEL: (*Empieza a comer.*) ¡Fantástico!

FANNY: (*Se acerca cariñosa.*) ¿Hace cuánto que no comías un pescado relleno como éste?

MANUEL: (*Algo melancólico.*) Y… desde que te…desde que te fuiste.

FANNY: Mi amor…. (*Le da un beso.*) ¿Dolly no te hace?

MANUEL: (*Se atraganta.*) No…. Hace otras cosas….

FANNY: ¿No querés llamarla y decirle que venga a comer ahora?

MANUEL: No… ahora no puede.

FANNY: ¿Por qué no?

MANUEL: (*Manuel come con muchas ganas. Ni bien termina una porción se sirve nuevamente.*) Tiene que quedarse… a cuidar un chico.

FANNY: ¿Qué, es niñera?

MANUEL: ...Sí ....

FANNY: Me dijiste que era profesional.

MANUEL: Sí, pero la situación del país.... Hay una crisis importante, ¿sabés? Entonces, muchos profesionales completan con trabajos... como éste.

FANNY: ¿Y hay muchos chicos solos para cuidar?

MANUEL: (*Asiente, resignado.*) ... Y... sí....

FANNY: Bueno, menos mal.... ¿Qué apellido tiene?

MANUEL: ... Gar....

FANNY: ¿Gar qué?

MANUEL: Gar...cinsky.

FANNY: ¿Garcinsky?.... No me suena. ¿De dónde son?....

MANUEL: (*Hace un gesto de no saber.*) Preguntale vos.

FANNY: (*Mirando el plato de Manuel.*) ¿Querés más, hijo?

MANUEL: No, mamá, ya repetí dos veces.

FANNY: (*Sirviéndole.*) Tomá.

MANUEL: ¡Te dije que no quiero más!

FANNY: ¿Está muy salado?

MANUEL: Está riquísimo, pero si como más, exploto.

FANNY: ¿Y postre? ¡Preparé un strudel con crema, que no sabés!

MANUEL: No.... Tomaría un café.

FANNY: ¿Café? No vas a poder dormir.

MANUEL: (*Harto.*) ¿Sabés qué? ¡Tenés razón, mejor me voy a dormir ya!.... Así.... tranquilo.... (*Se desviste rápidamente.*) Sin tomar nada que me pueda hacer mal.... Me acuesto... me tapo bien... cierro los ojitos... me duermo....

FANNY: Si querés un café... te hago. ¿Qué me cuesta?

MANUEL: No, gracias. (*Se acuesta.*)

FANNY: ¿Querés que te cuente algo, para dormirte?

MANUEL: (*Gritando.*) ¡¡No quiero ni café, ni comer, ni escuchar, ni ver, ni nada más hasta mañana!! ¡¡Por favor!!

(*Pausa. Fanny lo mira sorprendida.*)

FANNY: ¡Mishíguene!... ¡Te volviste loco!... (*Manuel, tapado totalmente, no le contesta.*) Está bien, hacé lo que quieras....

(*Después de caminar un poco por el ámbito, observando algunos objetos, nostálgica, va hacia un baúl, lo abre y empieza a sacar ropa vieja de ella que va poniendo sobre una silla. Mientras Manuel se destapa y la mira, Fanny saca una mantilla, se la pone y camina coquetamente. Comienza a sonar una música sensual de la época de ella. Puede ser: "Verano del 42." Fanny da unos pasos hasta que, ante el asombro y éxtasis de Manuel, se suelta a bailar cada vez más apasionadamente. Al terminar de bailar lo mira a Manuel, quien permanece extasiado.*)

FANNY: (*Dulcemente.*) ¿No podés dormir?.... (*Manuel hace que no.*) Pobre, mi chiquito.... (*Se acerca, le levanta la cabeza, la apoya sobre su regazo y comienza a arrullarle una canción de cuna. Apagón lento.*)

ESCENA 8

Casa de Manuel. La mañana siguiente. Manuel y Fanny durmiendo. A un ronquido fuerte de Fanny, Manuel se despierta sobresaltado. Mira a su alrededor, el reloj, ve a Funny durmiendo y trata de despertarla.

MANUEL: ...Mamá.... (*Fanny sigue durmiendo.*) Mamá.... (*Fanny sigue sin despertarse. Manuel se acerca más.*) Mamá.... (*Fanny ronronea y sigue durmiendo. Manuel la toca y la mueve un poco.*) ¡Mamá, son las nueve y diez!

FANNY: Dejame dormir...

MANUEL: Tengo que estar en el consultorio a las diez. (*Se levanta.*)

FANNY: Bueno, que te vaya bien.... Quiero dormir.

MANUEL: ¿Cómo?.... ¿Y el desayuno?

FANNY: ¿No dijiste ayer que te tomabas un café en el bar? Bueno, buen provecho.

MANUEL: Dale, viejita, preparame el desayuno que vos sabés.

FANNY: ¡Quiero dormir, hijo! Ya no estoy acostumbrada a la mañana temprana.

MANUEL: ... Si ayer te levantaste a las ocho a hacérmelo.

FANNY: Porque sabía que hacía mucho que no lo tomabas y te quise dar una sorpresa.

MANUEL: Dale, hoy haceme algo diferente... y es otra sorpresa.... (*Fanny no le contesta.*) Aunque sea.... ¿No me podés decir dónde están las revistas? ¡Me quedó una historieta por la mitad!

FANNY: (*Sentándose en la cama.*) Pero.... ¿No podés ser un poco más considerado con tu madre?.... ¡A esta hora estoy como una zombi!

MANUEL: Si vos siempre te levantabas....

FANNY: ¡Antes! ¡Ahora me acostumbré a otro ritmo!.... ¡A la noche, que es la única hora que tenemos tranquilos para hacer lo que queremos, nos levantamos a charlar, caminar un poco, hacemos fiestas! ¡Bah, tratamos de pasarla lo mejor posible!.... ¡Si igual a la mañana los primeros pasos nos despiertan, recién, a éso de las once!.... Y desde ese momento hay que soportar a cada pesado.... No sabés las cosas que dicen o hacen.... Es increíble.... A veces me pregunto: ¿Que se creen que somos, muertos o estúpidos?.... El otro día, por ejemplo, vino una chica a hablar con el marido, que se murió hace poco.... ¡Estaba tan enamorada! ¡Las cosas que le decía!.... Todos nos emocionamos tanto.... Hasta Salo, que jamás larga una lágrima por nada, estaba conmovido.... Pero la pobre, después de como dos horas de hablarle, se da cuenta que.... ¿Sabés de qué?

MANUEL: ¿De qué?...

FANNY: De que se equivocó de tumba ¿A vos te parece? ¿Cómo puede ser?.... ¡No sabés el lío que se armó a la noche!.... Entre el marido y el pobre hombre que, encima que se tuvo que aguantar los lamentos de esa chica que ni conocía, la discusión con el marido.... ¿Qué culpa tenía el Santo? ¡Pero andá a hacérselo entender al marido! ¡Cómo le gritaba! ¿Qué hiciste con mi mujer, hijo de puta? ¡Te voy a matar! ¿A quién vas a matar vos, imbécil? Le contestó él.... Y ahí todo el cementerio estalló en una carcajada.... ¡No podíamos parar!.... ¡Nos empezaron a chistar del barrio!.... (*Manuel escucha atónito.*) Entonces Salo, que así como es, todo un señor.... (*Se emociona.*) ¡Qué hombre, hijo! ¡Es un sabio! ¡Lo que él dice, es palabra santa! ¡Me gustaría tanto que lo conozcas!.... Bueno, Salo tuvo que ir a arreglar la situación porque, más allá de las risas, se puso difícil. ¿Sabés qué quería hacer el marido, con el Santo?

MANUEL: (*Atemorizado.*) ¿Qué?

FANNY: (*Conmocionada.*) Agujerearle el corazón para que se le vuele el alma ¿Te parece a vos?.... Mirá si el pobre, sin comerla ni beberla, quedaba hecho un desalmado.... ¡No hay muerto que merezca ese destino, hijo! (*Manuel asiente sin saber qué hacer.*)

MANUEL: Bueno... me tengo que ir. (*Comienza a vestirse, rápidamente.*)

FANNY: Yo ya me despejé.

MANUEL: Pero a mí se me hizo tarde.

FANNY: Te preparo algo en un minuto.... Si vos sabés que no necesito....

MANUEL: ¡Sí, ya sé, ya sé todo! Pero ahora me voy.... Me espera un paciente para una intervención importante.

FANNY: ¿Ah, sí? ¿De qué?

MANUEL: ... De... de.... ¿Qué más da? Igual no entenderías.

FANNY: ¿No puedo ir?

MANUEL: (*Apurándose.*) No, mamá.... No me podría concentrar sabiendo que estás vos.

FANNY: Voy y miro, nada más.... No digo nada.

MANUEL: No se trata de éso.... Con que sólo estés, yo ya estaría distraido.... Y puedo llegar a hacer un desastre

FANNY: ¿Por qué?

MANUEL: ¿Qué importa por qué? ¡Respetá lo que te pido y listo!

FANNY: ¡Parecés un chico!

MANUEL: (*Preparándose para irse.*) ¡Está bien, soy un chico! (Se acerca a darle un beso.) Chau, volveré a eso de las siete.

FANNY: ¡Te tengo que tomar las medidas!

MANUEL: A la noche.

FANNY: A la noche tenés el concierto…. ¡Qué lindo! ¡Me va a encantar verte tocando!

MANUEL: No vas a poder…. Hoy tocamos muy lejos.

FANNY: ¿Dónde?

MANUEL: En… no me acuerdo la dirección…. Me llevan.

FANNY: No importa…. ¡Y mañana viene Dolly! ¡Cuántas emociones!

MANUEL: ¿No son demasiadas? Digo… a tu edad.

FANNY: ¿Qué tiene que ver? ¡Tengo unas ganas de conocerla!

MANUEL: Sí…. Yo también…. (*Suena el teléfono. Manuel corre a atenderlo.*) ¿Hola?…. Ah, ¿Qué tal Julio?…. ¿Ahora?…. ¡No, ahora no puedo! ¡Hola!…. ¡Hola! (*Contrariado porque se cortó, cuelga.*)
(*Se escucha el timbre. Va hacia la puerta.*)

MANUEL: ¿Será posible?

FANNY: ¿Quién será a esta hora?

MANUEL: No sé…. (*A la puerta.*) ¿Quién es?

DOLLY: (*Desde afuera, con la voz deformada.*) ¿Acá pidieron un service?
(*Manuel y Fanny se miran extrañados.*)

MANUEL: (*A Fanny.*) ¿Vos pediste?

FANNY: ¿Cómo voy a pedir yo?

MANUEL: Tenés razón. (*Abre la puerta para contestar y ve a Dolly.*)

DOLLY: Vengo a hacer un service de amor.

MANUEL: (*Asustado.*) Esperá un minuto (*Cierra la puerta y se apoya en ella mirando a Fanny.*)

FANNY: ¿Qué pasa? ¿Service de qué, dijo?

MANUEL: No sé… lo habrán pedido de otro departamento…. (*Después de buscar con la mirada dónde esconder a Fanny.*) Mamá.

FANNY: ¿Qué?

MANUEL: Desde que viniste que no te bañás.

FANNY: ¿Tengo olor?

MANUEL: Un poco…

FANNY: Eso no se dice, hijo ¿Vos te fijaste la roña que hay acá y yo no digo nada?

MANUEL: Yo digo por vos…. Debés tener tierra pegada…. (*Fanny se sacude la ropa y, efectivamente, sale mucho polvo.*)

FANNY: Tenés razón…. ¿Ves? ¡Si tenés razón, tenés razón! ¡Yo no discuto cualquier cosa!…. ¡Qué lindo, me voy a pegar una duchita! ¡Hace tanto que no lo hago!…. (*Yendo.*) En el cementerio hay duchas, pero son para los cuidadores…. y no es que una sea de la alta sociedad, pero prefiero no juntarme.

(*Manuel la acompaña y cuando Fanny entra, Manuel saca la llave de adentro, la cierra desde afuera, va hacia la puerta y la abre.*)

ESCENA 9

DOLLY: (*Tratando de entrar.*) ¿Qué pasa, Manu? ¿Por qué me cerraste?… (*Manuel le impide el paso.*) Dejame pasar.

MANUEL: Estoy apuradísimo, mi amor…. Viene un paciente de un momento a otro.

DOLLY: ¿Y no me lo podías decir antes?

MANUEL: Pensé que… no me di cuenta.

DOLLY: (*Mira hacia adentro.*) ¿Hay alguien?

MANUEL: No, mi amor ¿Quién va a estar?

DOLLY: Está la ducha abierta.

MANUEL: Me olvidé de cerrarla.

DOLLY: Dejame entrar un minuto.

MANUEL: Te pido que no…. Tengo que terminar de preparar el consultorio.

DOLLY: Quiero ir al baño.

MANUEL: No... no puedo…. Tiene que estar por llegar.

DOLLY: Un minuto, nada más ¡Me estoy haciendo pis!

MANUEL: Otro día, mi vida.

DOLLY: ¿Cómo otro día? ¿Qué te pasa?

MANUEL: ¿Por qué?

DOLLY: ¿Cómo por qué?…. ¡No me dejás entrar, está la ducha abierta!…. ¿Qué pasa acá?

MANUEL: Mi amor…. teneme confianza.

DOLLY: ¡Te tengo confianza, pero quiero ir al baño!…. (*Deja de escucharse la ducha.*) ¿Qué pasó con la ducha?

MANUEL: (*Gritando.*) ¡De nuevo cortaron el agua! ¡Estoy harto de los cortes!

FANNY: (*Desde el baño.*) ¡Dejá de gritar, que yo cerré la ducha!

MANUEL: (*Sorprendido y apurado, a Dolly.*) Acompañame, le voy a armar un escándalo al portero.

DOLLY: (*Entrando.*) ¡Primero quiero ir al baño!

MANUEL: (*Siguiéndola.*) ¡No! ¡Al baño no! (*Se interpone en el camino de ella.*)

FANNY: (*Desde el baño.*) ¿Qué pasa ahí? ¿Qué son esos gritos?

MANUEL: ¡No pasa nada!

DOLLY: ¡Sí, algo pasa! ¡Me estás engañando!

FANNY: ¿Hay problemas, nene?

MANUEL: ¡Te juro que no! ¡Creeme, por favor!

DOLLY: Quisiera creerte, pero....

FANNY: ¡Ya voy!

MANUEL: ¿No ves? ¡Va a caer de un momento a otro!.... ¡Mah sí!.... (*Entregado, se da vuelta tomándose la cara con las manos. Dolly lo mira y se conmueve.*)

DOLLY: Está bien, no te pongas así.... No te hincho más....

MANUEL: (*Reacciona.*) Podés estar totalmente segura de mí.

DOLLY: ¿Sí?

MANUEL: (*Asiente.*) Mi amor....

DOLLY: ¿Qué?

MANUEL: (*Llevándola hacia la puerta.*) Mañana.... ¿Nos hacemos una despedida para nosotros dos... solos?

DOLLY: Me encanta.

MANUEL: Bárbaro, preparo una cena especial.

DOLLY: ¿Traigo algo?

MANUEL: Lo que quieras.... (*Sugestivo.*) Venite.... Bien vestida, ¿no?

DOLLY: (*Cree entender el pedido.*) ¿Cómo querés?

MANUEL: Qué se yo.... Ponete... algo negro.

DOLLY: (*Sorprendida.*) ¿Negro?.... ¿Por qué?

MANUEL: ... Me gusta.

DOLLY: (*Se acerca y lo besa.*) Ya entendí.... ¡Loquito!...

MANUEL: (*Apúrandola.*) Chau, mi amor, nos vemos a la noche...
(*Dolly se va. Cierra la puerta.*)

ESCENA 10

Manuel mira la llave y la puerta, alternativamente, dudando si abrir o no, hasta que se abre la puerta del baño y aparece Fanny soplando hacia arriba. Manuel mira la llave nuevamente, sorprendido.

FANNY: ¡Qué frescura! ¡Ya estoy para aguantar otros diez años!

MANUEL: (*Yendo a poner la llave en su lugar.*) Mamá.

FANNY: ¿Qué?

MANUEL: ¿No tenés ganas de ir al cine?

FANNY: ¿Qué cine? ¡Ahora dan todas basuras de miedo, sangre, muertos por todos lados! ¡Dejame!…. Además ¿Ahora voy a ir al cine? ¡Ya sé!

MANUEL: ¿Qué?

FANNY: ¡Querés que vayamos juntos!

MANUEL: ¡No! ¿Cómo vamos a ir juntos?

FANNY: ¡Si igual a mí no me ven!

MANUEL: Yo te acompañaría, pero… la gente me va a ver hablando solo y van a creer que estoy loco.

FANNY: Tenés razón. ¿Entonces?

MANUEL: Te pregunté porque viene un paciente que necesita hacerme una consulta urgente y prefiero estar solo.

FANNY: ¿Acá, en tu casa?

MANUEL: Sí, está muy preocupado y me dijo que viene ya para acá.

FANNY: ¿Se llama Julio?

MANUEL: Sí, sí, andá, por favor, mamá. (*La va llevando hacia la puerta.*)

FANNY: ¡Esperá que me termino de secar el pelo!…. (*Sopla nuevamente para arriba.*) ¿Por qué llamás por el nombre a los pacientes?…. Tenés que mantener una distancia, si no te van a faltar el respeto.

MANUEL: Está bien, mamá, andá. (*Abre la puerta y la empuja un poco.*)

FANNY: ¡Esperá! ¡Ya me voy a ir! ¡No me eches! ¿Esta es manera de tratar a una madre?

MANUEL: (*Terminando de sacarla.*) Disculpá, pero tiene que llegar de un momento a otro.

FANNY: ¿Y qué? ¿Tenés vergüenza de que me vea?

MANUEL: (*Asustado.*) ¿No era que no te pueden ver?

FANNY: ¡Cierto! Me confundí.

MANUEL: Bueno, chau (*Le da un beso. Cierra la puerta, va a buscar el libro, lo abre y comienza a leer.*)
(*Suena el timbre y Manuel va a abrir, con el libro en la mano.*)

ESCENA 11

JULIO: (*Es muy tímido e inseguro.*) ¿Qué tal, Manuel? Disculpá que haya venido ahora, pero como hoy tocamos…

MANUEL: No importa, pasá.

JULIO: Si te molesto, me voy.

MANUEL: No, entrá…. (*Julio entra rengueando y, detrás de él, entra Fanny. Manuel la ve y se sorprende muchísimo.*) ¿Qué hacés acá?

FANNY: ¿Dónde viste cine a la mañana?

JULIO: (*Sorprendido.*) ... ¿No me dijiste que entre?

MANUEL: ... Sí, disculpá....

(*Fanny, contenta, le hace señas de que se calle y se sienta en un costado a mirar.*)

JULIO: No, por favor, si yo fui el que.... (*Se interrumpe al ver el libro que tiene Manuel en la mano.*) ¿Qué estás leyendo?... (*Leyendo de costado.*) ¡Mirá vos! ¡"La vida después de…!

MANUEL: (*Lo interrumpe. Poniendo el libro en su lugar.*) Sí ¿Qué problema tenés?

JULIO: (*Algo sorprendido por la actitud.*) ¿Llegué en mal momento?

MANUEL: Te pregunté qué problema tenés.

JULIO: Sí, disculpá.... ¿Te acordás que la otra noche, cuando estábamos tocando, me clavé la punta del contrabajo en el dedo?

MANUEL: Sí.

JULIO: Bueno, se me hizo mierda la uña.

FANNY: ¿Por qué atendés maleducados?

MANUEL: (*Interrumpiéndolo.*) Ahá.... (*Intenta una apariencia doctoral.*) ¿Y cómo anda de su dolencia?

JULIO: Perdón ¿De mi… qué?

MANUEL: ¿Le duele mucho?

JULIO: (*Desconcertado.*) ¿Pasa algo?

MANUEL: ¿Por qué?

JULIO: ¿Por qué no me tuteás?

FANNY: ¿Qué te dije? ¡Les das la mano, se toman el codo!

MANUEL: (*Le hace caras a Julio intentando que lo comprenda.*) ¿Le duele mucho?

JULIO: (*Cree descubrir la razón de la actitud de Manuel. Cómplice.*) ¿Cuando atendés… preferís que te traten de usted?

MANUEL: Ahá…. Le pregunté si le duele mucho.

JULIO: Y... sí.

FANNY: Me gustaría saber cómo se cuidó este confianzudo.

MANUEL: (*Tratando de no tener en cuenta a Fanny.*) Ahá, vamos a ver... Sáquese el saco.... (*Julio se sorprende y se saca el saco.*) La camisa también.

JULIO: (*Cree no entender.*) ¿La camisa?

MANUEL: ¡Sí, la camisa!

FANNY: ¿Es sordo este hombre?

MANUEL: ¡Por favor, callate!

JULIO: ¡Yo no dije nada!.... Sólo pregunté porque.... (*Manuel lo mira muy serio y Julio comienza a sacarse la camisa.*) ¡Está bien, si hace un calor!

FANNY: No es sordo, es idiota.

MANUEL: ¡Mamá!

JULIO: (*Sorprendidísimo.*) ¿Qué dijiste?

MANUEL: (*Apoyando su oreja en la espalda de Julio.*) Diga treinta y tres.

JULIO: (*Confundido.*) ... Treinta y tres...

MANUEL: (*Repite, cambiando un par de veces la posición.*) Treinta y tres.

JULIO: Treinta y tres.

MANUEL: A ver... deme la mano.

JULIO: (*Titubeante.*) Sí, claro... tome....

MANUEL: (*Después de tomarle el pulso.*) Saque la lengua.

JULIO: ¿Cómo?

MANUEL: ¡La lengua! ¡Diga: Aaah!

JULIO: ¡Aaah!

MANUEL: Bueno....

JULIO: Disculpá.... (*Se corrige.*) Perdón.... ¿Usted piensa que lo de la uña me puede haber afectado todo el organismo?

FANNY: ¿Todos tus pacientes son retardados?

MANUEL: (*Mordiéndose para no contestar.*) Déjeme revisarlo bien, Julio.... Respire hondo.

JULIO: Tenés razón.... El cuerpo es uno.... Y si una parte está mal ¿No?.... Claro, como nunca me hizo una revisación así.

MANUEL: Le dije que respire hondo.

JULIO: Sí, perdóneme.... (*Respira hondo.*) ¿Sabes qué? Usted tendría que haber sido médico.

FANNY: ¿Qué dijo?

MANUEL: Vístase, por favor, Julio.

JULIO: ¿Y la uña?

MANUEL: Mejor la dejamos para otro día.

JULIO: Pero....

FANNY: ¿Cómo es eso de que tendrías que haber sido médico?

MANUEL: ¡Callate!

JULIO: ¿Qué dije ahora?

MANUEL: ¡Váyase y vuelva otro día!

JULIO: ¿Cómo otro día? ¡Si tocamos hoy!

MANUEL: ¿No escuchó lo que le dije? ¡Otro día!

JULIO: ¡No voy a poder tocar!

MANUEL: ¡Hágame el favor, váyase!... (*Despacio, para que lo escuche sólo Julio.*) Si te duele mucho, andá a ver a otro.

JULIO: Pero si vos sos el único pedicuro que conozco.

MANUEL: (*Interrumpiéndolo.*) ¡Termínela! ¡Le dije que se vaya!

FANNY: ¿Qué? ¿Pedicuro dijo?

MANUEL: (*A Fanny.*) ¡¡No, no!!

JULIO: ¿No, qué? ¿Qué dije ahora?

MANUEL: (*Mientras agarra el saco y la camisa de Julio, se los da hecho un bollo y lo lleva hacia la puerta.*) ¡Váyase de una vez! ¿No ve que me está causando problemas?

JULIO: ¿Yo? ¿Qué problemas le causé? ¡Si dije algo que lo haya molestado, disculpame!

MANUEL: ¡¡Le dije que se vaya!! (*Lo empuja hacia afuera.*)

JULIO: (*Yéndose.*) ¡Yo sabía que esta uña de mierda me iba a traer problemas!
(*Manuel, después de cerrar la puerta, se queda inmóvil esperando la reacción de Fanny. Se oye desde detrás de la puerta.*)

JULIO: ¡Si hoy no toco es culpa tuya!.... ¡¡Y la puta madre que te parió!!

ESCENA 12

FANNY: (*Desconsolada.*) Pedicuro dijo....

MANUEL: (*Resignado.*)... Bueno... sí, soy pedicuro.

FANNY: Pero... si cuando me fuí te faltaban cuatro materias para recibirte de médico....

MANUEL: No me faltaban cuatro.

FANNY: ¿Cuántas?

MANUEL: Más.

FANNY: ¿Cuántas más?

MANUEL: ¿Qué importan cuántas? ¡Muchas más!

FANNY: ¡Mirá vos!.... Así que me mentiste cuando vivía y me seguiste mintiendo después.... ¿Por qué tanta mentira? ¡¡Nunca más voy a poder creerte nada!!

MANUEL: ¡No grités! ¡Y pensá por qué habré tenido que mentirte tanto!

FANNY: ¡No grités vos que a vos sí te escuchan!.... ¿Y para esto me sacrifiqué tanto?

MANUEL: ¡Yo no te pedí que te sacrifiques por mí!.... Además, ¿qué tiene de terrible ser pedicuro? ¡Es una profesión como cualquier otra! ¿O no?

FANNY: (*Irónica.*) ¡Seguro! ¡Si es lo mismo ser cirujano que pedicuro! (*Enérgica.*) ¡¡Idiota!! ¡¡Yo quería que tengas el mundo a tus pies, no que vos estés a los pies de todo el mundo!!

MANUEL: ¡Ya sé que eso era lo que vos querías! ¡Pero yo elegí otra cosa! ¿Entendés? (*Remarcando.*) ¡Yo elegí otra cosa!

FANNY: ¡Ya veo!.... ¿Y a Dolly no le importa?

MANUEL: ¡No! ¡Ella me quiere como soy!

FANNY: ¿Pero qué pasa, ahora queda bien ser bohemio?.... ¿Y por qué pedicuro?

MANUEL: ... Me gustaba....

FANNY: ¿Pero cómo se te ocurrió?

MANUEL: ¡Cómo se me podría haber ocurrido cualquier otra cosa!

FANNY: ¡No digas eso! ¿Alguna vez viste un chico que dijese que cuando fuese grande querría ser pedicuro?

MANUEL: No ¿y qué?

FANNY: ¿Y entonces? ¿Cómo se te ocurrió a vos?

MANUEL: ¿Qué importancia tiene?

FANNY: ¡Para mí tiene!

MANUEL: ¡Está bien! ¿Querés que te diga la verdad?

FANNY: ¡Es lo que estoy esperando desde hace más de 40 años!

MANUEL: (*Con vergüenza.*) Bueno.... Para conquistar una chica.

FANNY: ¿Qué tiene que ver conquistar una chica con ser pedicuro?

MANUEL: ... Tenía juanetes....

(*Pausa.*)

FANNY: ¡Eso se llama vocación! Porque la señorita tenía juanetes... él se hace pedicuro ¿Qué tal?.... Y decime ¿A ver? ¿Qué hubiéses hecho si ella tenía piojos o... o el culo sucio, a ver?

MANUEL: ¡No seas ridícula!

FANNY: ¡Encima me decís ridícula a mí!.... ¡Mirá... no sé si llorar o gritarte o pegarte!.... ¿Sabés lo qué necesitarías? ¡Una buena lección! ¡¡Eso es lo que te merecés!!.... (*Como clamando al cielo.*) ¡Pedicuro!.... ¡Un Stern pedicuro! ¿Por qué?.... ¿Qué hice yo mal?

MANUEL: Dale, mamá, tampoco es para que hagas una tragedia.

FANNY: ¡Vos dejame tranquila!.... (*Sigue clamando al cielo.*) ¿Por qué este castigo?.... ¿Y qué puedo hacer ahora con él?.... (*A Manuel.*) ¡Ya sé!... ¡Ayer, casi no puedo llegar al cine de cómo tengo los pies! ¡Claro, si en la tumba se me hicieron diez callos, uno en cada dedo!.... Y hoy quiero ir de nuevo... así que....

MANUEL: ... ¿Qué?

FANNY: No te hagas el que no entendés.... ¡Haceme el favor! (*Va hacia una silla, se sienta, se descalza y apoya los pies. Manuel mira, primero sorprendido y luego, feliz, toma un instrumento y comienza a trabajar sobre los pies de Fanny.*)

(*Apagón.*)

ESCENA 13

(*Sentado en un sillón, con aspecto desahuciado, está Manuel leyendo el libro con un vaso de whisky en la otra mano. Suena el timbre.*)

MANUEL: (*Sin levantarse.*) ¿Quién es?

ANIBAL: Nosotros, Julio y yo.

(*Manuel deja el libro, se levanta y va, con cierta dificultad, a abrir la puerta. Entran Aníbal y Julio muy bien vestidos. Julio renguea.*)

ANIBAL: (*Sorprendido por el estado de Manuel.*) ¿Qué hacés?

JULIO: ¡Mirá cómo estás!

MANUEL: Estoy bien…. Los estaba esperando.

ANIBAL: ¡Tenemos que ir a tocar! ¡Estás un desastre!

MANUEL: Me arreglo en un minuto…. Ya vengo (*Va al baño.*)

ANIBAL: ¡Metele!…. (*Mira su reloj.*) ¡En media hora tenemos que probar el sonido!…. ¡Meté la cabeza bajo el agua fría!

(*Julio ve el libro, lo toma y se lo muestra a Aníbal.*)

JULIO: ¡Mirá! ¿Qué te dije?…. (*Aníbal asiente preocupado.*) ¿Te das cuenta? Siempre que yo contaba de las sesiones espiritistas, o de alguna de esas cosas, él decía que eso es todo truco y me trataba como si yo fuese un idiota…. Y ahora él lee "La vida después de la muerte.".

ANIBAL: ¡Shhh! No hables ahora…. Después del casamiento lo llevamos al médico.

JULIO: ¿Sabés qué es lo que más me angustia de lo que me contaste?…. (*Aníbal le hace señas de que hable muy bajo.*) Que duermen juntos…. ¡Es terrible! Porque que se imagine que está… yo lo entiendo, pero eso….

ANIBAL: ¿Y que haya querido que te desvistas? ¿Eso no? ¡Vamos, es terrible!…. Bueno ¡Ojo, que no se te vaya a escapar ni una palabra, ¿eh?

JULIO: No te preocupes, voy a ser una tumba…. (*Se miran, tomando conciencia del lapsus.*) Ani…. (*Mira para todos lados.*)

ANIBAL: ¿Qué?

JULIO: ¿Y si volvió en serio?

ANIBAL: ¿Estás loco?…. ¡Pará, que ahí viene! ¡Te pido por favor, no vayas a empezar con tus rayes! ¿Me escuchaste?

(*Julio asiente. Entra Manuel.*)

MANUEL: Ya estoy bien.

ANIBAL: ¡Ponete el saco y vamos!…. (*Manuel, confundido, no sabe qué hacer.*)

JULIO: (*Tomando el saco de una silla y poniéndoselo.*) Yo te ayudo…. ¿Estás nervioso por el casamiento, Manu?

MANUEL: Más o menos…. ¿Quieren un whisky?

ANIBAL: No, no tenemos tiempo.

JULIO: (*Cerrándole la camisa y arreglándolo un poco.*) ¿Cómo van los preparativos?

MANUEL: Bien, falta nada más que el traje.

JULIO: ¡Pero te casás mañana, loc.. (*Se corrige.*) viejito! ¡Apuralo al sastre!.... (*Va a buscar la corbata a la silla.*)

MANUEL: Sí.... (*A Aníbal.*) ¿Me servís un whisky?

ANIBAL: ¡Cortala, que ya tenés varios encima!.... (*Despacio, para que no escuche Julio.*) ¿Andás bien?

MANUEL: Sí, sí...

(*Manuel le hace un gesto disimulado a Aníbal de que no hable. Julio ve el gesto y se queda pensativo. Se le acerca, comienza a ponerle la corbata y le dice, confidente.*)

JULIO: Lo sé todo.... No te preocupes.... A cualquiera de nosotros le podía pasar... y esta vez te tocó a vos.... No sos el único caso.... (*Manuel lo mira sorprendido.*) ¿Sabés lo que le pasó a una medium en Birmania?...

ANIBAL: (*Muy enérgico.*) ¡¡Julio!!

JULIO: (*A Aníbal.*) Sí, disculpá... pero dejame decirle sólo un par de cosas.... (*Termina de ponerle la corbata. Mira la habitación. A Manuel.*) ¿Tenés mesa de tres patas?

ANIBAL: (*A Julio.*) ¡Te pedí que no empieces con tus rayes!

JULIO: ¡Dejame un minuto!.... (*A Manuel.*) ¿Tenés o no?

MANUEL: ... No.

(*Aníbal se tapa la cara.*)

JULIO: Bien.... Y una cosa más: Cuando te acostás.... ¿Pensás mucho en tu vieja?

MANUEL: ... Sí....

JULIO: ¿Y qué pensás? ¡Decime la verdad!

MANUEL: ... ¿Por qué no me dejará tranquilo? Eso pienso.

ANIBAL: ¡Se hace tarde!

JULIO: (*Le hace, a Aníbal, gesto de que espere.*) Y... tratá de acordarte bien.... La almohada que usas. ¿Siempre la usaste vos, solo?

MANUEL: (*Duda.*) No... antes era de ella.

ANIBAL: ¿En serio?

JULIO: (*A Aníbal.*) ¿No te dije? ¡Es más fácil de lo que yo pensaba!.... (*A Manuel.*) ¡¡Quedó conectada!!

ANIBAL: ¿Qué estás diciendo?

MANUEL: ¿Cómo que quedó conectada?

JULIO: ¡Seguro! ¡Quedó conectada! ¡Y entonces, todo lo que vos pensás, ella, del otro lado, lo recibe!

ANIBAL: (*A Julio.*) ¡Estás totalmente rayado!

JULIO: (*A Aníbal.*) ¡Ah! ¿El dice que la vieja volvió y el que está rayado soy yo?... .(*A Manuel, seguro.*) ¿Y sabés a qué vino?

MANUEL: (*Inseguro.*) ... A conocer a Dolly...

JULIO: ¿Qué a conocer a Dolly? ¡Vino para tirarte la almohada a la mierda y que la dejes descansar en paz!.... (*A Aníbal.*) ¿Te imaginás a la pobre, todas las noches, dispuesta a reposar, como cualquier santo, y este hincha pelotas empieza a darle a la matraca (*Tocándose la cabeza.*) contra ella, en su propia almohada?.... (*A Manuel.*) ¡Loquito! ¡Cambiá la almohada y se terminó el kilombo! ¡Muerto el perro se acabó la rabia! ¿Te das cuenta?

ANIBAL: (*A Manuel.*) ¡Pero... no se puede creer!.... ¡Sos un animal! ¿Cómo podés seguir usando la almohada de tu vieja muerta?

JULIO: (*Abruptamente preocupado, a Aníbal.*) ¡Pará un poco!.... (*A Manuel, en un tono más bajo.*) Tu vieja…. No estará aquí, con vos…. ¿No?…. (*Manuel, luego de dudar, decide jugar con los amigos y asiente.*) ¿Sí… qué?…. (*Manuel asiente nuevamente y, disimuladamente, señala a su lado.*) ¿En serio? ¡No jodás! ¿Eh?…. (*Manuel vuelve a asentir. Julio mira desesperado e interrogante a Aníbal.*)

ANIBAL: ¿Pero a qué están jugando, a quién está más loco?

JULIO: (*A Aníbal.*) ¡Pará, boludo, que parece que está en serio!…. ¡Mi Dios! (*A Manuel*) ¿Y ahora?…. (*Manuel hace un gesto como de no saber qué hacer. Julio, finalmente, decide enfrentar la situación y encara hacia el lugar señalado por Manuel.*) Este... ella.... (*Asiente. Toma fuerzas.*) Mmmm... La señora... (*A Manuel.*) Podrías presentar vos, ¿no?

ANIBAL: ¡No puede ser!

MANUEL: Tenés razón.... Mi mamá: Fanny... Julio y... bueno, a Aníbal ya lo conocés.

(*Aníbal y Julio dan la mano al aire, hacia el "lugar."*)

JULIO: Mucho gusto, señora.

ANIBAL: ¿Cómo está… Doña Fanny?

MANUEL: (*A Aníbal*) Dice que, dentro de todo, bien.... Que a vos sí que se te notan los años.

ANIBAL: (*No cree que Fanny haya vuelto, pero no sabe cómo salir de la situación.*) Bueno, por lo menos se me nota algo, ¿no?

JULIO: (*Despacio, a Aníbal.*) Respetá a una…. (*Se contiene al "lugar."*) Por favor, siéntese señora (*Le alcanza una silla. Con gestos, con Manuel, ajustan el lugar.*)

MANUEL: Ahí está.... Dice que muchas gracias.

JULIO: No es nada, señora.... (*Pequeña pausa.*) Doña Fanny... quiero decirle que me alegro mucho de poder conocerla, aunque sea ahora.... Manuel siempre habla tanto de usted que a mí me daba lástima no haberla conocido, pero.... Bueno, la vida siempre da una segunda oportunidad, ¿no?

MANUEL: Dice que sos un chico muy dulce.

JULIO: (*Al "lugar," avergonzado.*) Gracias, señora.... Es la primera vez que me dicen eso.... (*Se sienta cerca del "lugar."*) Mi mamá murió cuando yo era muy chico, ¿sabe?

ANÍBAL: Se perdió de conocer a un personaje de novela.

MANUEL: Pregunta dónde está enterrada.

JULIO: En Chacarita.

MANUEL: Dice que le des el nombre y la ubicación, que a veces hacen fiestas por algún aniversario, invitan amigos de otros cementerios.... Que en una de esas la encuentra....

JULIO: ¡Sería grandioso!: ¡Teresa Natale de Pizzurno, pabellón 17, pasillo 8, tercer subsuelo, tumba 17.358!.... Si la llega a ver, dígale que su hijo Julio.... la recuerda.... (*Muy emocionado.*) eternamente...

ANÍBAL: ¿Por qué tengo que estar escuchando esto?.... (*Harto, va hacia la silla y se sienta en ella. A los dos, provocativo.*) ¿Y ahora?

MANUEL: ¿Qué hacés?.... (*Lo levanta con fuerza.*) ¡La vas a aplastar!

JULIO: Por lo menos pedile perdón ¿No?.... (*Aníbal duda, sorprendido.*) ¡Una vez que te enfrentás con la otra realidad, aceptala!

MANUEL: (*Acercándose a la silla.*) ¿Te sentís bien, mamá?

JULIO: (*Indignado.*) ¡Pedile perdón!

ANÍBAL: (*Balbuceante.*) Per...dóneme, señora....

MANUEL: Dice que no te preocupes, que sabe que fue sin querer.

JULIO: ¡Usted es una santa!

MANUEL: ¡Miren cómo quedó!.... (*Aníbal y Julio miran. Luego se miran entre ellos.*) Ayúdenme a llevarla a la cama.

JULIO: Sí, claro....

MANUEL: Voy a preparársela.... ¿La pueden traer ustedes?

JULIO: Andá, no te preocupes.

(*Manuel sale. Julio y Aníbal se miran sin saber que hacer, hasta que Julio se anima.*) Por favor, señora, deme un brazo.... (*Hace como que la toma de un brazo. Dejando un espacio entre ellos, Aníbal se pone del otro lado. Comienzan a caminar muy despacio.*)

JULIO: Despacito ¿Eh?.... No se nos caiga.... Cuidado.... Por aquí....

MANUEL: (*Apareciendo.*) Vamos, mamá.... Dame la mano.... (*Hace como que la toma y la va llevando, mientras Aníbal y Julio siguen en la posición anterior, como si la siguiesen teniendo.*)

JULIO: (*A Aníbal, confundido.*) Che, Aníbal... ¿Cuántos brazos tiene esta vieja? (*Manuel no puede disimular su juego y se tapa la boca para que no se le note la risa.*)

ANIBAL: (*Dándose cuenta.*) ... Hijo de puta.... Nos estuviste cargando.... (*A Julio.*) ¿Qué te dije?

JULIO: Joder con la vieja muerta.... ¡No tenés perdón de Dios! (*Entra Fanny.*)

FANNY: ¿Qué es esto?

MANUEL: ¡Mamá!

ANIBAL: ¡Cortala infeliz, ya nos jodiste una vez! ¿Hasta cuándo la querés seguir?

JULIO: ¡Nunca más te voy a creer nada!

MANUEL: (*Señalando a Fanny.*) ¡Ahora es en serio!

JULIO: ¡No sigas, te pido por favor!

FANNY: ¿Qué pasa acá? ¿Qué hacen Aníbal y tu paciente gritando como energúmenos?

MANUEL: Me vinieron a buscar para ir al concierto.

ANIBAL: ¡Te dije que la cortes!

JULIO: Mirá, no sé si pegarte o tenerte lástima.

FANNY: ¿Y esas son maneras?.... (*Señalando a Julio.*) ¿Por qué te dijo que no tenés perdón de Dios?

MANUEL: Porque... tomé un poco de más.

ANIBAL: (*Tomándolo de un brazo y llevándolo para afuera.*) ¿Qué porque tomaste un poco de más?.... Mirá ¡Te perdono porque tenemos el recital, si no te reventaba!

JULIO: (*Angustiado.*) ¿Sabés cómo me siento? ¡Estafado en lo más profundo!

MANUEL: (*A Julio.*) ¡Te juro que llegó recién! ¡Había ido al cine!

FANNY: (*Feliz.*) ¡Vi Ginger y Fred, con Gullietta Massina y Mastroianni! ¡No son como Ginger Rogers y Fred Astaire pero igual son divinos!

MANUEL: ¿Escuchaste lo que dijo?

JULIO: ¡No te burles más! ¡Respetá mis creencias!

ANIBAL: (*A Julio.*) ¿Te das cuenta, ahora?

MANUEL: ¡Dice que fue a ver Ginger y Fred y que la Massina y Mastroiani no son como Ginger Rogers y Fred Astaire, pero que igual son divinos!

JULIO: (*Duda.*) Jurámelo por Dolly y Federico.

MANUEL: Te lo juro.

Aníbal: (*Gritando.*) ¡Vamos de una vez, par de colifas!.... (*Toma el violín de Manuel y los saca a empujones.*)

Fanny: ¡Locos!.... ¡Para ver esto, mejor me hubiese quedado en el cine! (*Apagón.*)

Escena 14

El café concert de Aníbal. Un pequeño escenario. Es de noche. Aníbal, Dolly y Julio esperan impacientes a Manuel, mientras afinan y ensayan algunas partes. Manuel llega apresuradamente, se acomoda apenas y sube a la tarima. Aníbal se para y se dirige al público.

Aníbal: Señoras y señores, muy buenas noches. Esta noche tendrán, esperemos, el placer de escuchar, algunos nuevamente, a este conjunto que hace música de Buenos Aires: "¡Los mareados!"..... (*Señalándolos.*) En flauta, nuestra flor, Dolly Garcia; Julio Pizzurno, el alma del contrabajo; en el violín:... Manuel Stern, el Paganini del tango... y en el bandoneón, quien les habla, Aníbal Groiso.... Bueno, vamos a comenzar, interpretando para ustedes el inolvidable vals, "Desde el alma."

(*Aníbal golpea con el pie indicando el ataque y comienzan a tocar. Junto a Aníbal y Dolly, Manuel, bastante nervioso, espera su entrada de pie. En un momento, Aparece Fanny y se ubica junto a Manuel.*)

Fanny: ¿Así que éste es el conjunto que toca Beethoven?.... ¿Hasta cuándo me vas a seguir mintiendo?.... ¡Primero pedicuro, ahora tango! ¿Cómo puede ser? ¡¡No sos nada de lo que ibas a ser!!.... (*Manuel se mantiene impertérrito, sin mirarla.*) ¡Manuel, a vos te hablo!.... ¿Por qué me tenés que hacer renegar tanto?.... (*Manuel sigue sin contestar.*) ¡Contestame! ¿Cuál es la razón?

Manuel: (*Mirando fijo al público, tratando que no se note.*) ¡Dejame ahora, mamá! ¡Ya tengo que entrar! ¡Andate!

Fanny: ¡Y además de mentir, encima me echás!.... ¿Qué pasa? ¿Te hace más feliz hacer cosas que a mí no me gusten?.... ¿Qué pasó con Schubert, Wieniavsky, esas cosas tan lindas que tocabas?.... (*Manuel no le contesta.*) ¡Contestame! ¿Qué porvenir tenés con el tango?.... (*Manuel sigue sin contestar y Fanny va aumentando el tono.*) ¿Pensás que vas a llegar a tocar con la Sinfónica de Nueva York tocando esa basura?.... ¡Decime! ¿Alguna vez viste a Menuhin o a Heifetz tocando un tango? ¡Antes se cortarían las manos! ¡Y vos.... ! (*Gritando.*) ¡¡¿Por qué tango?!!

Manuel: Porque me gusta.

Fanny: ¿Así que te gusta el tango? ¡¡Pero quién te creés que sos, Juan Moreira?!

Manuel: ¿Qué tiene que ver Juan Moreira con el tango, mamá?

FANNY: ¿Ah, no? ¿Y con qué tiene que ver?

MANUEL: ¡Dejame, mamá! ¡Tengo que empezar a tocar!

FANNY: ¡Ah! ¿No me querés contestar, eh?

MANUEL: ¡Por favor!

FANNY: ¡Ahora vas a ver!

MANUEL: (*Atemorizado.*) ¡Mamá, no!

(*Al llegar el momento de la entrada, a una indicación de Aníbal, Manuel logra esbozar una nota, pero abruptamente entra el Sargento Chrino desde el fondo del escenario con la bayoneta en la mano y, corriendo, llega hasta Manuel y se la clava. Manuel se inclina hacia atrás, desesperado por el terrible dolor de espaldas.*)

CHIRNO: No te me hagás el Moreira
   si querés vivir entero,
   Que ansí como la tranquera
   es pa' cuidar del ganado,
   los mandatos están dados
   para obediencia del gaucho.
   ¡No toriés más a tu vieja,
   que en paz merece el descanso!
   (*Se va corriendo. Manuel se da vuelta y lo ve salir.*)

FANNY: ¡Bien dicho! (*Desaparece tras él.*)

(*Los otros tres lo miran aterrados. Dolly corre hacia él a atenderlo.*)

MANUEL: (*Mascullando.*) ¡Será posible, la puta madre....!

JULIO: (*Acercándose.*) ¿Tu vieja?.... (*Manuel asiente. Julio comienza a buscar a la madre.*)

ANIBAL: (*Al supuesto público.*) Disculpen, por favor.

JULIO: (*Hacia cualquier lugar, buscando.*) ¡Ahora no, señora! ¡Estamos en medio del recital!

DOLLY: ¿De nuevo la puntada?

MANUEL: (*En medio del dolor.*) Encima, ahora viene con ese hijo de puta.

JULIO: (*Buscando a Fanny.*) ¡Señora!.... ¡¡Señora!!

ANIBAL: ¡Pará, Julio! ¡Está el publico!

DOLLY: ¿Qué hijo de puta, mi amor?

JULIO: (*A Dolly.*) ¿Qué dijo?

DOLLY: (*Confundida.*) No sé, que ahora… el dolor viene con un hijo de puta.

ANIBAL: ¡Hablen despacio, muchachos, que la gente va a pensar que estamos locos!

JULIO: (*A Manuel.*) ¿Qué hijo de puta, Manu?

MANUEL: Un gaucho… que habla en verso.

JULIO: ¡¡¿Qué?!!

ANIBAL: (*Al público.*) Unos segundos más, por favor y recomenzamos… (*Gira hacia Julio.*) ¿Qué pasa?

JULIO: ¡Ahora dice que el dolor viene con un gaucho hijo de puta que habla en verso!

ANIBAL: ¡No, esto sí que no!… (*A Manuel*) ¡Primero nos quisiste hacer tragar que volvió tu vieja muerta! ¡¿Y ahora esto de un gaucho hijo de puta en verso?!…. ¡Pero tomatelás, infeliz! ¿Qué te creés, que somos retardados?

DOLLY: ¡No, Aníbal, debe tener alucinaciones por el stress!

ANIBAL: ¿Qué stress ni stress? ¡Nos está tomando de pelotudos!

JULIO: (*A Aníbal.*) En una de esas tiene razón… y son alucinaciones.

ANIBAL: (*Gritando.*) ¡Alucinaciones las pelotas!…. (*Gira hacia el público.*) ¡¡Señoras y señores… mah sí!! (*Hace un gesto y se va.*)
(*Apagón.*)

ESCENA 15

Casa de Manuel. Fanny vestida de fiesta. Manuel, impaciente y nervioso, con camisa y corbata. La mesa puesta. Fanny acomoda los platos, las copas y el mantel.

MANUEL: Ya está bien, mamá… Andá para la cocina.

FANNY: ¡Está bien! ¿Qué pasa si llega y estoy acá? ¡Tienen muchos años para estar solos!

MANUEL: Mamá, por favor, que si no voy a estar muy nervioso…. (*Suena el timbre. Manuel, muy nervioso, toma a Fanny de un brazo y la lleva para la cocina.*) No te dije….

FANNY: Ni en mi propia casa puedo estar tranquila…. (*Manuel la deja en la cocina y se queda mirándola.*) ¿Qué te pasa? ¿No pensás abrir?…. (*Suena nuevamente el timbre.*) ¡Andá de una vez!… (*Lo empuja para la puerta.*)

MANUEL: Bueno, ya abro…. Pero vos quedate acá ¿Eh?…. ¡Ya voy! (*Va hacia la puerta, la abre y se queda paralizado. Dolly, toda de negro, con una pollera muy corta, tacos altos, peinado provocativo y un gran escote donde se destacan sus pechos y una cruz.*)

DOLLY: Hola ¿Qué tal estoy?…. (*Manuel, desesperado, trata de cerrarle la puerta. Dolly, a pesar de eso, entra.*) ¿Qué hacés, Manu?

MANUEL: … ¿Cómo te venís así?

DOLLY: ¿No me dijiste…. ?

MANUEL: No… no…. Al revés….

DOLLY: (*Dando una vuelta.*) … De negro….

MANUEL: Yo te dije... negro clásico....

DOLLY: (Abrazándolo.) Y yo vine... de negro sexy ¿No te gusta?.... (*Lo besa tierna y apasionadamente. Manuel aprovecha el abrazo y el beso para darle vuelta la cruz y metérsela dentro del vestido, del lado de atrás.*)

MANUEL: ... Así te queda más lindo....

DOLLY: ¿Sí?

MANUEL: ... Hace más juego con el vestido....

DOLLY: ¿Te parece?.... (*Manuel asiente.*) Bueno... (*Dándole un paquetito.*) Traje esto.

MANUEL: ¿Qué es?

DOLLY: ¿No te vas a reír?

MANUEL: No ¿Por qué?

DOLLY: Hice esos bocaditos de papa que me dijiste que te hacía tu mamá.

MANUEL: (*Feliz.*) ¿ Knishes?

DOLLY: Sí.... Son knishes, ¿no?

MANUEL: ¿A ver?.... (*Va hacia la mesa para abrir el paquete.*)

DOLLY: ¡Qué ansioso!

MANUEL: (*Lo abre y grita, dirigiéndose a la cocina, para que escuche Fanny.*) ¡¡Qué bárbaro, trajiste knishes!!

DOLLY: ¿Viste?.... Ahora dame otro como el de antes. (*Le toma la cara y lo besa nuevamente.*)

FANNY: (*Desde la cocina.*) ¡Preguntale si les puso cebollita frita en grasa de gallina!

MANUEL: (*Entre los besos.*) ¿Les pusiste cebollita frita?

DOLLY: Mmmm sí....

FANNY: ¿En grasa de gallina?

MANUEL: ¿En grasa de gallina?

DOLLY: No seas preguntón.... Les puse mucho amor.

FANNY: ¡Qué amor! ¡Quiero saber cómo los hizo!

MANUEL: Esperá un minuto, que dejé algo en la cocina. (*Manuel va hacia la cocina. Dolly se queda mirando la mesa. Vuelve Manuel.*)

DOLLY: ¡Qué fantástica está la mesa! ¿Vino alguien a ayudarte?

MANUEL: ... No....

FANNY: Bueno, por lo menos no soy la única a la que le mentís.

DOLLY: (*Emocionada.*) ¿Y lo hiciste para mí?

MANUEL: (*Seductor.*) ¿Y para quién si no?

DOLLY: (*Abrazándolo.*) Te quiero tanto....

FANNY: (*Se asoma y se sorprende del vestuario de Dolly.*) ¿Qué es eso? ¿Profesional de qué es esa chica?

DOLLY: Vamos a brindar, mi amor.... (*Sirve de la botella de vino que está sobre la mesa. Le da una copa a Manuel y levanta la suya.*)

FANNY: ¿Todas se visten así, ahora?

MANUEL: (*A Fanny, pero dirigiéndose a Dolly.*) ... Sí....

FANNY: ¿Querés que te diga? ¡Suerte que me morí!

DOLLY: ¡Por nosotros!

MANUEL: ¡Por nosotros!

(*Cruzan sus brazos y beben.*)

FANNY: (*Se emociona.*) ¡Mazeltov, hijos míos! ¡Ahora me gustaría estar viva!

MANUEL: ¡Mazeltov!

DOLLY: ¿Qué, mi amor?

MANUEL: ¡Mazeltov! (*Despacio.*) Es felicidades...

DOLLY: ¿En ruso o en ydisch?

(*Fanny mira con desconfianza.*)

MANUEL: Voy a probar un knish (*Mira a Fanny con suficiencia y lo prueba.*)

DOLLY: ¿Y?

MANUEL: (*No muy convencido.*) ... Rico....

FANNY: (*Acercándose.*) A ver, dame uno.

(*Manuel, sorprendido, agarra otro y no sabe que hacer.*)

DOLLY: Parece que te gustaron.

MANUEL: Seguro....

FANNY: ¡Dame, que lo quiero probar yo! (*Manuel, confundido, le extiende el knish. Fanny lo toma, lo prueba y lo escupe, tirando el resto al piso.*)

FANNY: ¿Qué le puso?

DOLLY: ¿Por qué lo tirás?

MANUEL: ... Se me cayó....

FANNY: (*Limpiándose la boca.*) ¡Preguntale qué le puso!

MANUEL: ¿Qué le pusiste?

DOLLY: Una pizquita de pimentón.... Pensé que le daría rico gusto....

MANUEL: (*Tratando de no herirla.*) Quedaría más rico sin.... (*Se agacha a recoger lo caído.*)

FANNY: ¿Pimentón?.... ¿Knishes con pimentón? ¿Dónde se ha visto? ¡Hizo knishes a la gallega!

DOLLY: Mi mamá probó uno y me dijo: a esos cositos les falta pimentón.

FANNY: ¿Cómo cositos?.... ¿De dónde es la madre?

MANUEL: (*Intentando, cada vez más desesperado, no escuchar a Fanny y tratar bien a Dolly.*) Está bien, no tiene importancia.

FANNY: (*Impacientándose.*) ¡No te pregunté si tiene importancia o no! ¿De dónde son los padres? ¡Quiero saber!

MANUEL: ...Claro, tus viejos... ¿De dónde eran?... (*Antes que Dolly pueda contestar.*) ¡Cierto! ¿Cómo me voy a olvidar que son de Odessa?

FANNY: ¿Odessa? ¡A un paso de Kishenev, mi pueblo! ¡Si para las fiestas íbamos a festejar ahí! ¿Y saben qué hacíamos? ¡Nos poníamos a bailar en la plaza con todos los que pasaban! ¡¡Esas eran fiestas!!.... (*Comienza a escucharse una danza rusa.*) ¡¡Vamos!!... (*Toma del hombro a Manuel, luego va hacia Dolly, la toma del hombro a ella y empieza a bailar. Dolly, confundida, lo mira a Manuel, quien trata de seguirla a Fanny.*)

DOLLY: ¿Qué hacés?

MANUEL: Bailo.... Me dio ganas.

DOLLY: ¿Sin música?

MANUEL: ...Es más libre, ¿no?

DOLLY: Pero... ¿Qué baile es éste?

FANNY: (*Bailando.*) ¡De la tierra de tus padres, hija!

MANUEL: ¡Bailá! ¡Bailá! ¡Disfrutemos este momento!

(*Dolly se convence y comienza a seguirle los pasos a Manuel. Bailan los tres entusiasmados hasta el final.*)

FANNY: (*Feliz.*) ¡Qué casualidad! !Paisanos!

MANUEL: (*A Fanny.*) ¡Seguro! Si, justamente, el otro día el padre me contaba anécdotas de su aldea.

DOLLY: ¿Qué aldea, Manu?

MANUEL: (*Haciéndole gestos a Dolly de que se calle.*) ¡La de Rusia! ¡Vamos a comer!

DOLLY: (*Extrañada.*) ¿Qué pasa, mi amor? ¿Qué juego es éste?

MANUEL: ¿Por qué?

DOLLY: No sé.... Decís y hacés cualquier cosa.... ¿Qué invento es éste de la aldea de Rusia?

(*Fanny observa preocupada.*)

MANUEL: ¡Sentate, yo traigo la comida! (*La agarra a Fanny de un brazo y se la lleva a la cocina con él.*)

(*Queda Dolly, confundida. Se escucha un ruido fuerte de la cocina. Dolly va hacia ahí, pero Manuel sale a su encuentro.*)

DOLLY: ¿Qué pasó?

MANUEL: Nada, nada.... Se cayó algo.... Esperá un minuto más, ya traigo todo.

DOLLY: Primero.... ¿Podemos hablar un poco?

MANUEL: ...Sí, claro.... ¿Qué pasa?

DOLLY: Manu.... ¿Qué te pasa a vos?.... Te veo muy raro.

MANUEL: ... Nada....

DOLLY: Decime, mi amor.... Estás muy nervioso.

MANUEL: Puede ser, pero.... Será porque....

DOLLY: (*Interrumpiéndolo.*) Mirá, Manu.... Lo que más quiero en el mundo es casarme con vos, pero.... ¿Estás seguro qué es lo que querés vos?

MANUEL: Sí ¿Cómo no?

DOLLY: Porque sos libre de hacer lo que quieras.... En una de ésas, preferís que posterguemos un poco....

MANUEL: Yo te quiero muchísimo, mi vida...

DOLLY: Ya sé.... pero, no sé.... ¿Querés que te diga?.... Me parece que me estás ocultando algo....

(*Aparece Fanny desde la cocina y mira sonriente.*)

MANUEL: (*Muy nervioso.*) No.... ¿Qué te voy a ocultar?

DOLLY: (*Angustiándose.*) ... No hay otra mujer, ¿no?

MANUEL: (*Confundido.*) ... ¿Cómo se te puede ocurrir?

DOLLY: Yo sé que serías incapaz de hacerme eso, pero.... Tengo una sensación rara... y prefiero decírtelo.

MANUEL: ¡Sacátelo de la cabeza!

DOLLY: Manu.... ¿No te enojás si te pido algo?

MANUEL: ¿Cómo me voy a enojar? ¡Pedime lo que quieras!

DOLLY: ¡Jurame que no hay otra mujer en tu vida!

MANUEL: (*Abrazándola.*) ¡Te lo juro! ¡Sos la única mujer... (*despacio y girando la cabeza*) viva... (*nuevamente fuerte y hacia Dolly*) en mi vida!

DOLLY: Porque si no.... Me moriré de tristeza, pero no te molesto más.... (*Busca la cruz, da vuelta su cadenita y mostrándosela a Manuel.*) ¡Te lo juro! (*Besa la cruz. Manuel queda paralizado.*)

FANNY: (*Azorada.*) ¿Católica?

DOLLY: Con dudas no quiero casarme, Manu.... Por mí y por mi hijo.

FANNY: ¿Católica y con un hijo?

(*Manuel, anonadado, no atina a nada y mira, perdido, alternativamente, a Fanny y a Dolly.*)

DOLLY: (*Lagrimeando.*) Para mí lo importante sos vos, no la libreta de casamiento.... Nunca la tuve y puedo seguir así.

FANNY: ... Y soltera....

MANUEL: ¡Pará un poco, Dolly!

FANNY: ¡Sacá esta mujer de acá!

MANUEL: ...Pero....

DOLLY: Lo que más quiero es vivir con vos, pero.... (*Se angustia más esperando una respuesta definitiva que no viene. Se limpia unas lágrimas.*)

FANNY: ¡Que se vaya de acá! ¡Y que no vuelva a pisar esta casa!

MANUEL: ¡Callate de una vez! ¡Esta es mi casa!

DOLLY: (*Sorprendida.*) ... ¿Qué?....

FANNY: ¿Así que tu casa? ¡Siempre fue mi casa y lo va a seguir siendo! ¿Oíste? ¡Y antes que venga a vivir ésa rompo todo!.... (*Toma unos platos que estaban cerca de una mano de Manuel y los tira al piso.*) ¿Y? ¿Ves cómo es mi casa? (*Dolly ve caerse las cosas sin poder entender nada de lo que está pasando.*)

MANUEL: ¡Terminala! ¡Andate de acá! ¿A qué viniste? ¿A volverme loco?.... (*Dolly, confundida y asustada, toma su cartera y comienza a irse.*) ¡¡Dolly!!

FANNY: ¡Dejala! ¡Que se vaya!

MANUEL: ¡Dolly, esperá! ¡Dejame explicarte! (*La toma de un brazo.*)

DOLLY: (*Negándose. Casi no puede hablar.*) Dejame.... (*Se suelta y sale corriendo. Manuel la mira irse, muy angustiado.*)

ESCENA 16

FANNY: ¡Renegado! ¡Eso es lo que sos! ¡Un renegado!.... (*Va hacia las paredes y va señalando lugares.*) ¡Ya veo! ¡Una cruz aquí! ¡Otra aquí! ¡Aquí una Vírgen! ¡Aquí un Santo!.... (*Reacciona furiosa.*) ¡¡Sobrevivimos miles de años gracias a nuestras tradiciones!! ¿Quién sos vos para renegar de todo éso?

MANUEL: ¡¡Yo no reniego de nada!! ¡¡Soy lo que soy!!.... ¡Pero además, quiero hacer lo que (*se toca el corazón*) siento acá! ¿Entendés?.... Si no.... ¿Para qué vine a este mundo? ¿Para hacer, solamente, lo que a vos se te de la gana? ¡¡Para eso podría no haber venido!!

FANNY: ¿Cómo no?

MANUEL: ¡Seguro! ¡Si vine es para algo! ¿O no? ¡Alguna huella "mía" tiene que quedar!

FANNY: (*Burlona.*) ¡¡El gran señor!! ¡¡"El" tiene que dejar una huella!!.... (*Enérgica.*) ¿Pero quién te creés que sos?.... ¡Idiota! ¡Las huellas quedan en el cementerio! ¡No aquí!

MANUEL: ¡¡Vos decís eso porque estás muerta!! ¡¡Por eso!!.../ ¡Pero yo estoy vivo y las quiero dejar aquí!

FANNY: ¿Aquí? ¿Qué huellas vas a dejar aquí, vos?

MANUEL: ¿Querés saber cuáles?.... ¡Te digo una!.... Tocando "La que nunca tuvo novio" en el violín, delante de una sola persona que se emocione al escucharme.... ¿Querés otra?.... (*Sin dejarla contestar.*) Aliviándole el dolor a un pobre viejo que ni podía caminar... y que salga con los pies... como un violín ¡Eso!.... ¿Y querés una más?.... Yendo a jugar a la pelota a una plaza con el hijo de Dolly.... (*Emocionándose mucho.*) Y, en una de ésas, algún día... con uno de Dolly y mío.... ¿Escuchaste? ¡Esas son las huellas que yo quiero dejar!

FANNY: (*Reprimiendo la emoción.*) ¿Será posible que tenga que escuchar estas cosas? ¡No vas a conseguir emocionarme! ¿Me oís?.... Pero.... ¿Para qué me hiciste venir? ¿A ver?.... ¡Decime! ¿Qué es lo que querés de mí, despedazarme de dolor?

MANUEL: ¿Qué estás diciendo?

FANNY: ¡Lo que dije! ¿Para qué me hiciste venir, para mortificarme hasta deshacerte de mí?

MANUEL: ¡Yo no te hice venir! ¡Y no quiero nada de eso!

FANNY: ¿Ah, no? ¿Y por qué elegís una mujer como ésa? ¿O no quedan de las nuestras?

MANUEL: (*Firmemente.*) ¡Sí que quedan! ¡¡Pero me enamoré de ésa!! ¡¡Terminala de una vez!!

(*Frente a la actitud firme de Manuel, Fanny, primero lo mira fijo y luego, tomándose el pecho y respirando con dificultad, comienza a quejarse.*)

FANNY: ¡Ay... ay! ¡No puedo respirar! (*Respira cada vez más dificultosamente.*)

MANUEL: (*Preocupado, acude rápidamente, la acuesta en el piso y le pone una almohada bajo la cabeza.*) ...Tranquila, mamá.... Quedate quieta.

FANNY: (*Sigue respirando mal.*) ¡Ay... ay!

MANUEL: ¡Por favor, aguantá un poco!.... ¡Voy a llamar un médico!.... (*Se levanta para hacerlo, va hacia la puerta y la abre para salir.*)

FANNY: ... ¡Ay... me muero!

(*Manuel, al escuchar esto, queda paralizado. Luego se da vuelta hacia Fanny, quien lo mira expectante.*)

MANUEL: ¿Otra vez?.... (*Fanny no contesta.*) Decime.... ¿Cuántas veces te vas a morir?

FANNY: Con hijos como vos.... Una se puede morir mil veces.

(*Pausa.*)

MANUEL: Mamá... Por favor, andate.

FANNY: ¿Dónde querés que me vaya?

MANUEL: ¡A tu tumba! ¡Volvé a tu tumba! ¿No te das cuenta que me hacés mal?

FANNY: ¿Cómo te voy a hacer yo mal?

MANUEL: ¡Me hiciste perder la única mujer que quiero de este mundo!

FANNY: Hijo.... ¡Todo lo que yo hago es por tu bien!

MANUEL: ¿Vos querés mi bien?

FANNY: ¿Qué pregunta me hacés? ¡Claro que sí!

MANUEL: ¡Entonces andate! (*Agarra la almohada del piso y se la ofrece.*) Tomá, llevátela… y andate.

FANNY: (*Sorprendida.*) ¿Qué me das?

MANUEL: ¡Sabés de qué estoy hablando!

FANNY: ¿Qué sé? ¿Para qué quiero yo esta almohada?

MANUEL: ¿Querés descansar en paz? ¡¡Llevátela y no me molestes más!!

FANNY: ¿Qué es, un chiste? Si querés saber mi opinión, no es buen momento para un chiste…. (*Manuel, desconcertado, se tapa la cara con las manos. Fanny se le acerca.*) ¿Qué te pasa, hijo?

MANUEL: (*Intentando ser cariñoso.*) Mamá, te lo pido por favor, andate.

FANNY: ¿Pero por qué? ¡Decime una buena razón para que me vaya!

MANUEL: (*Gritando.*) ¡¡Porque este mundo es de los vivos, no de los muertos!!

FANNY: ¿De dónde sacaste esa pavada?

MANUEL: … ¿Cómo?….

FANNY: ¿Dónde está escrito que este mundo es de los vivos?…. (*Manuel no contesta.*) ¿Sabés cómo se llama éso? ¡Hablar por hablar!

ESCENA 17

Comienzan a entrar, por algún lugar, los muertos vecinos de tumba de Fanny. Manuel y Fanny los miran entrar boquiabiertos, mientras se acercan y los rodean.

FANNY: ¿Qué pasa? ¿Qué hacen acá?…. (*Intempestivamente, sacan pitos, matracas y arrojan papel picado y serpentina.*) ¿Qué día es hoy? (*Comienzan a cantarle el feliz cumpleaños, mientras ponen una torta con una velita y el número diez sobre la mesa.*)

MANUEL: ¿Tu aniversario de….?

FANNY: ¡Cierto! ¡Diez años!

MANUEL: (*Con temor.*) Mamá…. ¿Quiénes son?

FANNY: No te preocupes…. Son todos amigos…. Vecinos de tumba.

MANUEL: ¿Por qué yo también los veo?

FANNY: ¿Y por qué no?

JEREMIAS: ¡A brindar!

(*Destapan viejos licores y elixires que traían, cada uno, bajo el brazo y se disponen a tomar en viejas copas que también traían. Manuel toma una copa de la mesa y, con aprensión, deja que le sirvan.*)

SALO: (*Acercándose a Fanny, seductor, en medio de los brindis.*) ¡Salud, Fannushka! ¡Feliz aniversario!

(*Manuel los ve y se queda mirándolos. Fanny ve la mirada de Manuel y, sonriente, asiente. Lo toma del brazo a Salo y lo lleva frente a Manuel.*)

FANNY: Hijo, te presento a Salo.

SALO: (*Extendiéndole la mano.*) Mucho gusto.

MANUEL: (*Duda, asiente y le da la mano.*) ... Manuel.

SALO: Bueno, yo te conozco.

MANUEL: (*Nervioso.*) ¿De dónde?

SALO: De tus visitas.... Además, tu madre vive.... (*se corrige*) es una manera de decir.... Vive hablando de vos.

FANNY: (*Vergonzosa.*) Como todas.

SALO: No, como todas no.... (*A Manuel.*) Mirá que he conocido madres... vivas y muertas, de todo tipo... y nunca escuché hablar así de un hijo.

FANNY: No exageres, Salo.

PERLA: (*Acercándose.*) ¿Y? ¿Qué tal? ¿Cómo van las cosas?

FANNY: (*Mirando a Manuel.*) Más o menos....

PERLA: ¿Cómo más o menos? ¡Vamos! ¿Qué es esto? ¡Nada es peor que una madre y un hijo enojados!.... Aunque los dos sean un desastre…. (*Toma de un brazo a Manuel y lo empuja hacia Fanny. Manuel se resiste un poco.*) ¡Vamos! ¡Dele un beso a su madre!

SALO: ¡Eso! ¡Hagan las paces! (*Manuel mira sin decidirse.*)

JEREMIAS: (*También se acerca y habla hacia el vacío, como una letanía.*) Despójate del luto que te aqueja y entrégate a su amor infinito.

(*Lo miran, soportándolo con respeto.*)

SALO: (*A Manuel.*) Vamos.... Aunque te proteja demasiado.

JEREMIAS: Porque es tu madre y la madre tierra que no tuviste.

(*Lo miran nuevamente.*)

PERLA: (*A Manuel.*) ¡Pensá en todo lo que sufrió por vos!

JEREMIAS: (*Hablando como antes.*) Recuerda sus días de miseria y vida errante, sin que nadie viniera en su ayuda.

SALO: (*Al viejo, ya impaciente.*) Bueno Jere ¡Ya está! ¿Eh?.... ¡Hoy no es día de lamentos! (*El viejo asiente, resignado.*)

PERLA: (*Acercándose más a Manuel.*) Vamos, Manuel.... No es más que una pobre vieja muerta.

FANNY: (*Que escuchó.*) ¿Y vos qué sos, una princesa dormida?

(*Salo intercede para que no sigan y lleva, tironeando a Fanny hacia Manuel.*)

PERLA: (*A Fanny.*) Dale un beso a tu hijo.... Será una peste, pero es tu hijo.

FANNY: (*Soltándose.*) ¡Peste será el tuyo!

SALO: ¡Bueno! ¿Dónde se ha visto un aniversario sin baile?

(*Salo levanta los brazos y comienza a sonar, frente al estupor de Manuel, el vals "Desde el alma." Todos se abren en círculo y dejan en el medio a Fanny y Manuel, quienes se miran. Fanny se sonríe. Manuel también. Se acercan, se toman y comienzan a bailar el vals, mientras los otros empiezan a hacer exclamaciones hasta que se ponen a bailar, también, entre ellos. Manuel está confundido y emocionado. Después de bailar un rato.*)

PERLA: ¡Volvamos! ¡Nos están esperando para festejar todos juntos!

FANNY: (*Feliz.*) ¿En serio?

SALO: ¡Seguro! ¡Nadie quiere perderse tu aniversario!

(*Todos, mientras manifiestan su acuerdo, juntan sus cosas para irse.*)

PERLA: (*Acercándose a Manuel.*) Vamos Manuel, vení con nosotros.... ¿Querés que te diga? ¡Te vas a morir de aburrimiento!

(*Manuel se resiste un poco.*)

SALO: No tengas vergüenza.... Somos todos una gran familia.

(*Perla lo toma de un brazo y lo va llevando hacia afuera, mientras Fanny y Salo van detrás tomados del brazo. Jeremías, delante de todos, encabezando el singular cortejo, va hablando hacia delante, mientras lleva abierto un pequeño libro que saca de su bolsillo.*)

JEREMIAS: Bueno es para el hombre respetar sus muertos y a los muertos de sus muertos.... Bueno es para el hombre compartir, con aquellos que se fueron, tanto sus alegrías como sus sufrimientos.... Bueno es para el hombre no perderse en las oscuras tinieblas de la duda.... Y yo te elijo entre las ovejas descarriadas y te regreso a tu propia tierra.... Ellos te cuidarán....

(*Ya afuera, Manuel, al escuchar a Jeremías, duda sobre donde lo quieren llevar y se para. Todo el cortejo se detiene.*)

PERLA: ¿Qué pasa, Manuel?

(*Jeremías se da vuelta y lo mira.*)

MANUEL: ... No... no puedo...

JEREMIAS: Bueno es el Señor con los mansos corderos.

MANUEL: ...No.... Es que... tengo que hacer.... Me esperan.

PERLA: ¿Justo ahora?

(*Manuel asiente, se suelta, tratando de no ser descortés y, después de mirar a Fanny, vuelve a su casa y se sienta abatido, tomándose la cabeza con las manos. Todos se miran con desconcierto. Pausa.*)

SALO: (*A Fanny.*) Vamos.

FANNY: (*Negando*) Vuelvan ustedes.... Yo me quiero quedar.

SALO: ¿Para qué, Fannushka?

FANNY: ¡Déjenme a mí! ¡Yo sé lo que hago!

SALO: No te pongas mal ¿Qué querés hacer?

FANNY: Probar una vez más.

SALO: ¿Qué?

FANNY: Que encarrile su vida.

SALO: El ya eligió, mi amor.

FANNY: ¿Qué eligió? ¡Todo mal! ¿Eso se llama elegir?

SALO: Está enamorado.... No podés hacer nada.

FANNY: ¿Ah, no? ¡Vamos a ver si no puedo hacer nada!

SALO: ¿Qué pensás hacer?

FANNY: ¿Sabés qué?.... ¡Voy al Registro Civil, le hago decir que no y ya está!

SALO: ¡No podés hacer eso!

FANNY: ¿Por qué no?

SALO: Porque te vas a ganar su odio por el resto de sus días.

FANNY: ¿Qué el resto de sus días? ¡Con el tiempo todo se olvida!

SALO: ¿Y si no?.... ¿Preferís lograr lo que vos querés, hacerlo infeliz... y que te recuerde mal toda su vida?.... ¡O peor! ¿Que prefiera olvidarte?.... ¡Te lo pido por mí, Fannushka! Si él te llega a olvidar... yo.... ¿Qué hago sin vos?

FANNY: (*Confundida.*) ¿Y entonces?.... ¿Qué tengo que hacer?

SALO: Ya lo intentaste y no pudo ser.... Ahora dejalo... es su vida.

FANNY: ¿Su vida?.... ¿Y si todos eligen como él?

SALO: Todos no eligen como él.

FANNY: ¡Pero si todos eligiesen como él!.... ¿Qué sería de nosotros?

SALO: Nosotros.... Tenemos toda la muerte por delante.

FANNY: ¿Y eso sólo te conforma?

(*Pausa.*)

SALO: ¿Sabés qué, mi bien?

FANNY: ¿Qué?

SALO: ¡Hay que morir y dejar vivir!.... (*Pausa.*) Vamos.... Disfrutemos lo nuestro.
(*Se miran largamente, ante la mirada de los otros dos.*)

FANNY: No me voy a demorar.
(*Fanny y Salo se besan. Luego, Salo, Perla y Jeremías se van. Fanny se acerca a la casa de Manuel y, desde afuera, se queda mirándolo. Pausa.*)

ESCENA 18

FANNY: (*Dulcemente.*) Manuel.... (*Manuel se tapa los oídos.*) Manuel.... Volví... para despedirme.... (*Manuel se para, la busca con la mirada pero no la encuentra.*) No me busques.... Ya estoy lejos....

MANUEL: ¿Y entonces?

FANNY: Que me vuelvo.... ¿Me vas a venir a visitar?.... (*Manuel asiente.*) Te espero.... (Pausa.) Manuel.

MANUEL: ¿Qué?

FANNY: (*Con un tono crítico que no puede disimular.*) ¿Qué te enamoró de esa chica?

MANUEL: Primero contestame por qué te enamoraste de Salo.

FANNY: Manu, querido... Tu padre nos dejó hace mucho... y, bueno... en la muerte tampoco estabas vos... me sentí sola... y me gustó.

MANUEL: (*Asiente.*) Yo... me enamoré de Dolly una vez que me miró y se sonrojó.... Sus ojos.... Su boca, su piel....

FANNY: Hijo.... Soy tu madre.

MANUEL: Es de una bondad increíble.... La comprensión y ternura que tiene.... Cómo me quiere...

FANNY: ¿Cómo?

MANUEL: Así como soy.... ¡Le encantan cosas mías que yo creía defectos!.... ¿Sabés qué me pasa cuando estoy con ella?

FANNY: ¿Qué?

MANUEL: Me siento un rey....

FANNY: (*Sorprendidísima.*) ¿Vos, un rey?

MANUEL: Sí, yo.

FANNY: ¿Le gustan tus defectos y vos te sentís un rey?.... (*Manuel asiente.*) ¿Querés que te diga algo?

MANUEL: ¿Qué?

FANNY: ¡No vas a encontrar otra así!

MANUEL: ¡Seguro que no!

FANNY: ¿Y cómo es con el hijo?

MANUEL: ¡Bárbara!

FANNY: ¿Lo crió ella sola?

MANUEL: Sí....

FANNY: Como yo a vos.... (*Muy emocionada, casi entre sollozos.*) ¡Ay, hijo, te quiero tanto!

MANUEL: (*Intenta acercarse. La busca.*) Mamá ¡Quiero abrazarte! ¿No podés volver, aunque sea, para eso?

FANNY: No, mi vida.... Así ya está bien.... Ahora ponete el traje....

MANUEL: ¿Dónde está?

FANNY: Sobre tu cama.

MANUEL: (Se acerca y, sorprendiéndose, lo ve.) .... ¿Y para qué?

FANNY: ¿Cómo para qué?

MANUEL: Si se fué....

FANNY: Va a volver.

MANUEL: ¿Cómo sabés?

FANNY: ¿Me vas a decir a mí? ¡Yo sé!

MANUEL: ¿Cuándo?

FANNY: ¡Vos ponete el traje!

(*Manuel se desviste y se va poniendo el traje. Mientras, aparece Chirino y avanza hacia él amenazante. Fanny lo chista.*)

FANNY: ¡Shhh! ¡Chirino!... (*Chirino se detiene y la mira.*) No sigas.

CHIRNO: ¿Por?

FANNY: Ya nadie puede parar a este gaucho.

CHIRNO: ¿Que no? ¡Déjeme a mí! ¡Va a ver! ¡Naides se le escapa al Sargento Chirino!

FANNY: Esta vez no vas a poder.

CHIRNO: ¿Por qué no?

FANNY: Quiere ser padre.

CHIRNO: ¿Qué tiene que ver? ¿Y Moreira qué era?

FANNY: (*Enérgica.*) ¡Dije que no sigas! ¡No me discutas y andate!

CHIRNO: ¡Está bien, no se ponga así! (*Comienza a irse, hasta que en un momento gira decididamente y, dirigiéndose a un público imaginario, recita. Manuel lo escucha, en actitud de defensa.*)

Quiero que se entienda bien
este momento, aparceros.
Y disculpen la intención
si es que alguno se distrae,
pero no es bueno quedarse
con una falsa impresión.

Si abandono este entrevero
no es porque yo sea un cobarde,
como aquel gaucho matrero
que al volver, de madrugada,
encontró a su china amada
en otros brazos arteros.
Y sin valor ni vergüenza
para encarar esta ofensa,
recogió sus pertenencias,
montó en su cansada yegua

y se encaminó a otro pueblo,
donde murió sin consuelo.
No....
No me voy en retirada....
Y si dejo esta payada,
les pido que nunca olviden
el motivo verdadero.
Se los digo... sin rodeos:
Lo hago.... ¡¡Porque yo quiero!!

FANNY: (*Cansada de escucharlo.*) Andate de una vez , ¿querés?

(*Chirino se va. Manuel respira aliviado y asiente con la cabeza, aprobándole a Fanny.*)

FANNY: Subite más el pantalón.... (*Manuel lo hace.*) Abrochate el botón del medio y estirá las solapas.... (*Manuel termina de hacerlo.*) Bueno hijo....

MANUEL: ¿No vas a volver más?

FANNY: ¿Para qué?

MANUEL: Mamá.... ¿Te acordás de la confitería dónde me llevabas a tomar el chocolate con churros, después del cine?

FANNY: ¿Cuál?

MANUEL: ¡Esa que las mesitas tenían el mantel rojo... como la camiseta de Independiente!

FANNY: ¡Ah, sí!

MANUEL: ¿Te acordás que nos sentábamos en la mesita al lado de la ventana para mirar a la gente que pasaba... y nos reíamos imaginándonos sus historias?

FANNY: ¿Cómo no me voy a acordar?

MANUEL: Mamá....

FANNY: ¿Qué?

MANUEL: ¿Y si nos encontramos ahí, un día, por ejemplo, al mes?

FANNY: ¿Te parece?

MANUEL: Dale.... Los dos solos.... Por ejemplo, el último viernes de cada mes... a las seis de la tarde.... ¿No sería fantástico?.... (*Fanny, muy emocionada, no puede contestar.*) Decí que sí....

FANNY: Sí, hijo.... Claro que sí....

(*En ese momento entra Dolly. Manuel la mira, luciendo su traje. Se acercan. Se miran. Luego, Manuel, sonriente, dirige su mirada hacia el lugar donde está Fanny.*)

FANNY: ¿Qué te dije?.... Mamá sabe....

DOLLY: ¿Pasa algo?

MANUEL: La vieja... sabía....

DOLLY: ¿Qué?

MANUEL: Ya te voy a contar. (*La toma de la mano y se dirige con ella hacia afuera. Antes de salir, se detiene, mira hacia atrás y levanta la mano para saludar a Fanny, quien también levanta su mano.*)

DOLLY: ¿Qué hacés, mi amor?

MANUEL: (*En un tono bajo, como para que no lo escuche Fanny.*) Saludá.

DOLLY: ¿A quién?

MANUEL: A... a la vieja....

DOLLY: ¿A quién?

MANUEL: ¡Vos saludá!

(*Dolly, entre sorprendida y complaciente, levanta la mano. Manuel, también saludando, mira a Fanny, quien mantiene su saludo. Sobre esta imagen, música y apagón.*)

FIN

Los mundos microcósmicos de Lucía Laragione

Lucía Laragione nació, según su propia página web, en una familia de intelectuales de izquierda. Su padre, el conocido escritor Raúl Larra (1913-2001), fue hijo de inmigrantes italianos. Aunque nació Raúl Laragione, sus amigos de primaria le pusieron el apellido "Larra." Ideológicamente marxista, escribió y publicó biografías, ensayos y novelas. Por consiguiente, su hija se formó en un ambiente estimulante de escritores, pintores y músicos. La orientación política de la casa provocó visitas frecuentes de la policía que causaban terror en la joven impresionable.

Laragione lanzó su carrera literaria con dos libros de poesía, uno en 1973 y otro en 1980. A partir del año 1997 se dedicó a la literatura infantil y juvenil, publicando una serie de cuentos y novelas a partir del año 1997. Mientras tanto, comenzó a trabajar con el teatro debido a una afición que comenzó en su infancia cuando la llevaron a ver espectáculos en el renombrado Teatro del Pueblo. Oportunamente estrenó su primera obra teatral, *Cocinando con Elisa* (1995), incluida en esta colección, en el mismo teatro, ya renovado por la Fundación Somi (Carlos Somigliani).

Laragione estudió narrativa con Santiago Kovadloff y Tamara Kamenszain y teatro con Agustín Alezzo, Augusto Fernades y Mauricio Kartun. Por su teatro ha ganado premios nacionales como el premio Argentores, el Trinidad Guevara y el premio Municipal de Teatro; en el extranjero ha ganado el premio María Teresa León para autoras dramáticas que se otorga en España. Además de escribir sus propias creaciones teatrales, Laragione ha colaborado en un colectivo con Susana Gutiérrez Posse, Susana Poujol, Susana Torres Molina, Víctor Winer, Jorge Huertas y Héctor Levy-Daniel. Estos integrantes del grupo, junto con autores españoles y mexicanos, publicaron tres colecciones: *Monólogos de dos continentes, La noticias del día* y *Exilios*.

Las obras dramáticas de Laragione se caracterizan por su contenido impactante dentro de una extensión minimalista. En *La fogarata*, Laragione capta elementos religiosos, políticos y amorosos en la noche del 29 de junio, día de San Pablo y San Pedro. Un grupo de chicos y chicas celebran con una gran hoguera un rito tradicional que coincide con el solsticio invernal y, en su aspecto pagano, con el deseo de contrarrestar los días menguantes y la oscuridad de la noche. Según la creencia popular, en estas noches mágicas se produce la comunicación entre el mundo profano y el mundo sagrado. Por ser la noche de los apóstoles (San Pedro crucificado cabeza abajo, San Pablo decapitado), hay resonancias del martirio. El año es 1952, el cual tiene relación inmediata con la agonización de Eva Perón que la lleva a su muerte el 26 de julio del mismo año. El ritual religioso de desafiar el fuego para salvar la vida de Evita se compagina con el conflicto amoroso de la joven pareja, cuya relación se ve amenazada por un conflicto sindical entre sus padres, situación que tiene resonancias de la posición política de Evita, y que llega a incluir sus propias palabras. El fuego hace daño mientras purifica y renueva, subrayando el sentido de sacrificio y compromiso en un gran evento religioso-pagano-tradicional-político.

El silencio de las tortugas es un breve monólogo en el que una mujer visita la tumba de su marido para contarle lo que le ha pasado recientemente, revelando un cambio abrupto, una revolución de su ser y de su estilo de vida desde que él murió. La mujer reticente, cohibida, deprimida, alcohólica que él conocía ha quedado atrás y ha dado paso a una persona abierta, liberada, extravagante e inclusive lesbiana. Se siente agradecida porque fue, irónicamente, la visita de la amante de él durante el velatorio lo que le permitió abrirse a su nueva personalidad. Se despide del difunto, poniéndole en conocimiento de que va a salir de vacaciones a Grecia con su nueva amante. El título se refiere a la tortuga que le dio su marido como mascota, la cual, según ella, no sólo chilla por dolor inaguantable sino también por felicidad excesiva.

Criaturas de aire combina muchos elementos del poder y la sangre en una obra dominada por la sexualidad, la creación genética y la manipulación de animal y del ser humano. El doctor alemán, un refugiado nazi, aspira a crear una raza maestra de caballos en una hacienda aislada donde el patrón abusa sexualmente de una joven gitana, muda, que fue comprada a su madre. El alemán apenas tolera el ambiente local, plagado de bichos y gente mestiza. A los gitanos se les llama "criaturas de aire," porque no tienen raíces, expresión irónicamente reminiscente del doctor mismo que tiene que seguir huyendo o ser denunciado. En una secuencia rápida que abarca un escape, un asesinato, un aborto y un experimento destruido catastróficamente, se combinan elementos de poder, ambición, codicia, superstición y venganza en una obra a la vez tierna y sangrienta, llena de resonancias de la "civilización y barbarie" codificada por Sarmiento en el siglo XIX.

El pequeño diálogo de *El 1º de mayo* presenta a una mujer a punto de dar a luz en el hospital mientras su marido se prepara para leer un discurso de Stalin en el Día Internacional del Trabajo. El se siente nervioso, no por el parto, sino por la responsabilidad y el honor que le brindó el partido comunista en esta ocasión. Al paso de una camioneta con altavoces dando las noticias, la mujer recuerda las pesadillas de su propia juventud, las mudanzas repentinas, huyendo de la policía, los golpes que le dieron a su padre por dar sus opiniones, al mismo tiempo que sufre por la seguridad de su marido en un ambiente hostil. Tal vez con unos toques autobiográficos, la obra está dedicada a la memoria del padre de Laragione, Raúl Larra, sin duda por su orientación marxista. A pesar del peligro y las amenazas, el padre está decidido a mejorar las condiciones del país por el hijo/la hija que está a punto de nacer.

El ganso de Djurgarden dramatiza la pesadilla de dos exiliados argentinos en un jardín sueco intentando robar un ganso para expiar sus horribles memorias de la tortura, quizás relacionadas con El Proceso. En vez de sentirse contentos y seguros en el ambiente sueco (Djurgarden es una isla casi en el centro de Estocolmo), el lugar realza su sentido de desesperación, futilidad y angustia por ser ajeno e inhóspito. El encuentro con un guardia, un chileno exiliado, al principio los anima pero al final los deja desesperados cuando él se niega a hablarles en castellano. La obra da testimonio de los efectos desastrosos del exilio y de lo difícil que es adaptarse a un nuevo ambiente, mientras subraya los daños permanentes producidos por los sentimientos de culpa, remordimiento y pena que acompañan a las víctimas de tortura y maltrato durante toda la vida, en este caso de la Argentina y Chile. La obra es curiosa porque lleva mucho diálogo escrito en sueco con traducciones al castellano en paréntesis. En medio de esta temática grave, Laragione logra hacer hincapié en la importancia del fútbol para el hombre argentino, inclusive para el que está en el exilio.

El reino de las imágenes nítidas está inspirada en la Alemania Nazi de 1933 cuando Hitler asume el poder. Al incorporar comentarios directos de Hitler y Goebbels, Laragione logra dramatizar un conflicto entre arte y propaganda, entre el judío y el ario, entre el hombre y su esposa. Esta obra "histórica" documenta el caso del director alemán-austriaco (y más tarde, americano) Fritz Lang y su esposa Thea von Harbou que colaboraron en la creación de ciertos films, especialmente *Metropolis*, *M.*, y la trilogía de Dr. Marbuse. Históricamente no está bien documentado el encuentro entre Goebbels y Lang, aunque había rumores persistentes al respecto por la ironía de censurarle a Lang un film al mismo tiempo que le ofrecía el puesto de director de la industira fílmica alemana UFA. La acción de la pieza corresponde a la huida de Lang en tren, pasando por Leipzig y Stuttgart y llegando a París mientras encuentra a todos los personajes a bordo, incluyendo "el doble" del famoso asesino de niños P. K. (Peter Kürten, el vampiro de Düsseldorf). Como otras obras de Laragione, ésta evidencia una estructura complicada donde la movilidad del tren corresponde a la rapidez de las acciones personales.

Y finalmente, la pieza antologada, *Cocinando con Elisa*, es una maravilla de expresión condensada. Esta obra inicial de Laragione contiene las semillas complejas que se encuentran en todas las obras posteriores – la capacidad de manipular múltiples elementos a la vez, la creación de un ambiente perfectamente adaptado a las necesidades dramáticas, una relación dinámica y amenazante entre sólo dos personajes, además del ubicuo escenario político argentino. El terror policial mencionado antes, o léase, la dictadura brutal de los años 70, encuentra su perfecta expresión en la cocina de una casa de campo donde la malévola cocinera Nicole manipula a su joven asistente Elisa en un juego constante de poder, dominación y amenazas. El simbolismo de la sangre que cae del techo desde el comienzo hasta el final, la referencia constante a los cuchillos de tamaños diferentes para cortar, deshuesar y aun decapitar a los animales, domésticos y salvajes, que se usan para preparar la comida, realzan la tensión dramática a niveles insólitos. La compaginación entre las bestias y la bestialidad del carácter humano es, a fin de cuentas, lo que más caracteriza esta pieza compacta y asombrosa. Lucía Garavito (véase su brillante estudio) ha explorado en detalle elementos míticos y de los cuentos de hadas para señalar cómo la cocinera funciona como una bruja en el sentido tradicional. Y, como es típico en las obras de Laragione, hay un elemento de misterio, algo que no se soluciona, que se deja abierto a interpretación.

Las obras de Lucía Laragione figuran entre las mejores del teatro argentino contemporáneo con sus aspectos históricos y políticos, planteados dentro de una realidad argentina pero que fácilmente trascienden cualquier limitación nacional. Lo que más llama la atención en esta dramaturga es la eficiencia con la cual maneja varios elementos a la vez, especialmente los del espacio, para dar vida a sus personajes mientras cumple con sus intenciones estéticas y políticas.

Puesta en escena en Buenos Aires

Cocinando con Elisa

Lucía Laragione

Premio María Teresa León 1994

PERSONAJES

NICOLE
ELISA

En Buenos Aires, *Cocinando con Elisa* se estrenó en el Teatro del Pueblo en la temporada 1997 con el siguiente reparto:

NICOLE	Norma Pons
ELISA	Ana Yovino
Asistente de vestuario	Ana Lía Levi
Asistente de escenografía	Victoria Egurza
Asistente de dirección	Celina Andaló,
	Mariel Lewitan
Diseño de realización	
de animales y comidas	Norberto Laino
Operadores de luces y sonido	Ramiro Agüero,
	Lautaro Graciosi
Producción de sonido	Miguel Andreux
Prensa	Daniela Taiana
Escenografía y diseño de	
iluminación	Tito Egurza
Dirección general	Villanueva Cosse

[En Madrid, *Cocinando con Elisa* se había estrenado en la Sala Cuarta Pared el 22 de noviembre de 1995.]

Escena 1

(*Una cocina en un establecimiento de campo. De las vigas cuelgan animales de caza: aves y liebres. La cocina es a leña, las ollas de hierro. Una ventana permite a los personajes asomarse al parque. Nicole, la cocinera, es una mujer de unos 60 años, alta, huesuda, de cabello corto y gris. Cuando nombra los platos en francés, pronuncia exageradamente, como alguien que repite una lección. Elisa, la aprendiza, tiene poco más de 20 años, es de aspecto menudo y frágil.*)

NICOLE: Bueno, Elisa, empezaremos por "les cotelettes de grives à la bros," un plato de la cocina de Orleans. Una cocina noble, pura y sencilla como los bellos pasajes del Loire y donde destacan los platos de caza: "patés d'alouettes de Bois y de Pithiviers, patés de Cailles, terrines de gibier...." ¿Me sigue, Elisa? (*Pausa.*) Bueno, no importa... Ya se irá haciendo el oído al idioma y al nombre de los platos. A ver, repita conmigo: "co-te-le-ttes de gri-ves à la bros." Vamos, ¡anímese!

ELISA: (*Lo intenta pero le sale mal.*)

NICOLE: (*Suspirando.*) Deje, deje.... Dígalo en criollo nomás: "chuletas de tordos." Francamente, yo hubiera preferido alguien con más experiencia.... Pero si Madame la eligió.... (*Pausa.*) ¿Dónde me dijo que había trabajado antes?

ELISA: En una panadería.

NICOLE: ¿Amasaba?

ELISA: Despachaba. (*Pausa.*) Y para las fiestas ayudaba a cocinar el lechón.

NICOLE: Mire, no puedo imaginarme qué le vio Madame. Pero hay algo que tiene que quedar claro: está aquí porque dentro de unos meses yo viajo y no será usted quien me arruine ese viaje. (*De una liebre colgada de la viga cae sangre sobre el rostro de Elisa.*)

ELISA: (*Pega un grito.*)

NICOLE: Pero, ¡qué torpeza! ¡Ponerse justo debajo de la liebre que está desangrándose!

ELISA: No me di cuenta.

NICOLE: Si quiere quedarse aquí, tendrá que aprender rápido. Bueno, no perdamos más tiempo. Empecemos con los tordos. Tienen que ser veinte.

¿Son veinte?

ELISA: Los conté más de una vez.

NICOLE: Veamos.... (*Contándolos rápidamente*.) Hay diecinueve.

ELISA: No puede ser.

NICOLE: ¿No puede ser?

ELISA: Quiero decir....

NICOLE: Que los contó mal. ¿A ver?

ELISA: Había veinte.

NICOLE: Entonces, ¿uno se voló?

ELISA: No, no. Pero....

NICOLE: (*Insiste*.) Bueno, si dice que había veinte, encuentre el que falta. (*Mientras Elisa busca*.) Madame y Monsieur acostumbran a comer diez tordos cada uno.

ELISA: Tiene que estar en algún lado.

NICOLE: Eso ya lo dijo. ¿Dónde? (*Pausa*.) Es una cuestión de olfato. Para la cocina, hay que tener olfato. Usted, ¿lo tiene? (*Levanta la tapa de una olla*.) ¿Se fijó aquí?

ELISA: ¡Aquí está! ¿Quién pudo haberlo puesto?

NICOLE: Usted, naturalmente.

ELISA: No, no fui yo.

NICOLE: ¿Insinúa que lo hice yo?

ELISA: No dije eso.

NICOLE: ¿Y qué dijo?

ELISA: Que yo no lo puse ahí.

NICOLE: Si no fue usted, fui yo. Aquí no hay nadie más.

ELISA: ¿Usted?

NICOLE: Eso dice.

ELISA: Yo digo.... Ya no sé lo que digo.

NICOLE: Ni lo que hace. Seguramente lo puso ahí y luego se olvidó. Estaría pensando en otra cosa. Todas las muchachas de su edad siempre piensan en otra cosa. Le dije a Madame: prefiero alguien mayor. Pero Madame siempre cree que sabe más que yo.

ELISA: Le juro que prestaré mucha atención. No volverá a pasar algo así.

NICOLE: ¿Está segura?

ELISA: Quiero hacer las cosas bien. Quiero aprender. Ser una gran cocinera como usted.

NICOLE: ¿Como yo? Yo me formé con los grandes. Los maestros de "la cuisine à l'ancienne" El gran Prosper Montagné. Casimir, chef de la Maison Doré. Curnosky.... (*Se interrumpe como si comprendiera que es inútil seguir hablando*.)

No creo que pueda apreciar lo que esto significa.

ELISA: Quiero aprender, señora.

NICOLE: No me diga señora. Llámeme Nicole. Aprender, aprender.... Como si fuera tan fácil. Años y años de trabajo. Desplumando, vaciando, embridando, flameando, escaldando, albardando, deshuesando, capando.

ELISA: Haré todo lo que usted me diga.

NICOLE: Sigamos con los tordos. Escúcheme atentamente. Le diré paso a paso lo que tiene que hacer. Tome un tordo. Clave un cuchillo en el esternón. Haga un corte hasta la rabadilla. Bien, ahora hay que arrancarle las entrañas con sumo cuidado. No deben deshacerse: son preciosas. Con las entrañas, el hígado y los intestinos, prepararemos el relleno al que añadimos.... (*va haciendo lo que dice*)... un vasito de Armagnac, lo rebajamos con Skiedam y ginebra de Vambrochies. (*Empina la mezcla.*) Ah, ¡qué buena mezcla! Pique, pique, pique.... Suficiente. (*Elisa mezcla el picadillo con las bebidas.*).¿Terminó? Que se impregne. Bien. Ahora hay que deshuesarlo. Fíjese bien. Se toma una tijera filosa y se lo corta por ambos lados del estómago y por debajo de los riñones.... ¿Qué le pasa? No me diga que se impresiona....

ELISA: No, no. Es que me parece tan chiquito...

NICOLE: Es chiquito y eso exige un corte hábil y preciso. (*Golpea al tordo con un hacha pequeña.*) Así. Partido en dos se separan los filetes y las patas. Cortamos las uñas y con las patas, haremos las chuletas. ¿Me sigue?

ELISA: Sí.

NICOLE: ¿Se anima a seguir sola?

ELISA: ¿Sola?

NICOLE: Eso dije.

ELISA: Bueno.

NICOLE: Así me gusta. Que sea decidida, valiente. (*Pausa.*) Cuando termine con los tordos, saldrá a cazar.

ELISA: ¿A cazar?

NICOLE: Una caza menor. En el parque.

ELISA: Con este viento....

NICOLE: Necesito caracoles. Le enseñaré a preparar "Escargots à la narbonnaise," uno de los platos preferidos por Monsieur. Un plato de la cocina languedocienne. Una cocina activa y soñadora a la vez, pero, por sobre todo, armoniosa. (*Pausa.*) Sesenta docenas de caracoles, Elisa, exactamente setecientos veinte.

ELISA: ¡¿Setecientos veinte?! ¿Para cuándo los quiere?

NICOLE: Para mañana. (*Pausa.*) No se preocupe, Elisa. Los cazará. El parque es grande, lo habrá visto. Va desde la montaña hasta el mar. El bisabuelo de Monsieur, que era un feroz cazador, ganó la tierra a los indios. (*Pausa.*) Un consejo: abríguese bien. El viento sopla muy fuerte y esas nubes negras anuncian tormenta.

ELISA: ¡Setecientos veinte!

ESCENA 2

NICOLE: ¿Entibió el agua?

ELISA: Sí, lo hice.

NICOLE: ¿Le puso sal en cantidad suficiente?

ELISA: Sí.

NICOLE: Bien. Ahora hay que agregarle vinagre. ¿Cuántos días de ayuno llevan los caracoles?

ELISA: Unos diez días, creo....

NICOLE: ¿Creo? ¿No lo anotó?

ELISA: No.

NICOLE: Yo sí lo hice. Tienen que ser diez días exactamente. A ver.... Menos mal, hoy se cumplen diez días. Ponga a macerar los caracoles.

ELISA: ¿Qué es macerar?

NICOLE: Agegue dos litros de vinagre al agua. Recuerde que debe cambiarla varias veces. La última, por agua fría. (*Pausa.*) Finalmente no le fue tan difícil reunir los caracoles.

ELISA: La verdad es que tuve ayuda.

NICOLE: ¿Quién?

ELISA: El capataz me ayudó. Funes, creo que se llama.

NICOLE: ¿Me quiere decir quién mierda la autorizó a hablar con Funes?

ELISA: Nadie... yo... él se ofreció.

NICOLE: El siempre se ofrece. A mí no me importa que ande detrás de otras polleras. Pero pobre de él, pobre de él si se mete en mi cocina. (*Pausa.*) ¿Sabe cómo hacer para que los caracoles se desprendan de sus cáscaras?

ELISA: ¿Me lo dijo?

NICOLE: Charle menos con Funes y preste más atención aquí. Hay que hacerlos hervir en agua con sal, pimienta y una hoja de laurel. Anótelo porque se va a olvidar. ¿Dónde está el cuaderno y el lápiz que le di? (*Pausa.*) ¡Vamos! ¿Qué espera? Cuando la cáscara de los caracoles se haya desprendido, se los escurre y se les echa agua salpimentada, aceite de oliva y tres o cuatro dientes de ajo triturado.

ELISA: (*Repite mientras anota.*) Agua salpimentada, aceite de oliva y ajo bien triturado.

NICOLE: ¿Cuánto ajo le dije?

ELISA: (*Sobresaltada como si la hubieran pescado en falta.*). ¡Tres! ¡Tres dientes!

NICOLE: ¿Sabe que no? Le dije tres o cuatro. No le dije tres. Bueno, sigamos. (*Pausa.*) ¿Y ahora qué le pasa?

ELISA: Hay un olor raro, ¿no?

NICOLE: ¿Olor a qué?

ELISA: Raro....

NICOLE: ¿No lo reconoce o no lo quiere decir? ¿Olor a qué?

ELISA: A podrido.

NICOLE: ¡Bien, Elisa, bien! Olor a podrido. Claro que sí. Es el faisán, el faisán allá arriba. El faisán faisandé es uno de los platos más deliciosos de la cuisine à l'ancienne.

ELISA: Pero debe tener gusto a podrido.

NICOLE: Justamente. Ese es su encanto. Ya probará el faisán cuando esté en su punto.

ELISA: ¿Yo?

NICOLE: Por supuesto. Un cocinero debe probar todos los sabores. L'andouillette, por ejemplo. La buena andouillette se reconoce porque "ça sent la merde." ¿Entiende querida?

ELISA: ¿Qué quiere decir merde?

NICOLE: Merde quiere decir... mierda. L'andouillette está hecha de tripa de vaca. La buena andouillette es aquélla donde quedan restos de mierda. ¿Le da asco?

ELISA: Sí... no, no. Lo que pasa es que no estoy acostumbrada.

NICOLE: Ya se acostumbrará. Y se dará cuenta de que todo, todo se puede comer. Empezará por el faisán.... ¡Ah, mi Dios! ¡El faisán! ¡Le falta un pedazo! ¡Le han arrancado un pedazo!

ELISA: ¡Yo no fui!

NICOLE: ¡Una rata! ¡Una rata ha entrado en mi cocina! ¡Animal asqueroso! ¡Te voy a hacer picadillo! Si te gusta el faisán, te voy a preparar un plato especial. No sabés con quién te has metido. (*A Elisa.*) ¿Le hablé de la mayonesa?

ELISA: (*Con desesperación, como si hubiera olvidado de algo.*) ¿La mayonesa?

NICOLE: La mayonesa para los caracoles.

ELISA: Ah, no, no.

NICOLE: La mayonesa para los caracoles se prepara bien espesa. Se bate con cuidado para que no se corte. Ya preparada, se echa sobre los caracoles y ¡listo uno de los platos preferidos de Monsieur! A propósito, ¿ya conoció a

Monsieur?

ELISA: No, no lo he visto todavía.

NICOLE: Bien. Entonces, le doy un consejo: si no le gusta que la soben, no se acerque demasiado. No me mire así. Usted es joven y a Monsieur le gusta la carne fresca. De modo que ya sabe.... Ahora, tome esa bandeja que acabo de preparar y súbala al pub. Es la hora del trago de Monsieur. (*Cuando Elisa sale, Nicole dice.*) Rata asquerosa.

ESCENA 3

Elisa, sola en la cocina, baila sosteniendo un vestido blanco de fiesta contra su cuerpo. Tararea una especie de vals. Entra Nicole.

NICOLE: ¿Pero qué es esto? ¿Qué hace?

ELISA: (*Deteniéndose de golpe, en actitud culpable, dice, por el vestido.*) Madame me lo regaló....

NICOLE: ¿Qué? Madame se lo regaló....

ELISA: (*Apretando el vestido contra su cuerpo.*) Le queda chico.

NICOLE: Deme eso aquí.

ELISA: Madame....

NICOLE: Se lo regaló. Ya lo oí.

ELISA: Lo voy a guardar.

NICOLE: No se preocupe. No se lo voy a quitar. A mí no entra ni en la nariz. (*Pausa.*) Démelo, por favor. (*Elisa se lo da.*)

NICOLE: ¿Dónde lo va a usar, Elisa? ¿En el baile del pueblo? Madame tiene cada idea.... (*Nicole lo dobla con cuidado y lo pone en un estante. En el estante de arriba, hay frascos con conservas.*)

ELISA: Cuidado, que no se ensucie.

NICOLE: Ahí está muy bien. Ahora, a lo nuestro. Vamos a ver cómo está el adobo.... (*Huele la fuente donde está el conejo en adobo y se la hace oler a Elisa.*) Huele muy bien. Escurra trozo por trozo y séquelos con un repasador limpio. (*Se sirve un licorcito y lo empina.*) ¿Puso las ciruelas en remojo?

ELISA: Usted no me dijo...

NICOLE: Por supuesto que sí. El plato es "conejo con ciruelas pasas." Imposible olvidar las ciruelas.

ELISA: (*Empecinada.*) No me dijo.

NICOLE: No sea cabeza dura. Claro que se lo dije. Se lo dije y usted lo anotó. A ver, déme su cuaderno de apuntes.

ELISA: No.

Nicole: ¿No? ¿Me está diciendo que no?

Elisa: ¡No!

Nicole: Me está sacando de mis casillas. ¿Dónde está su cuaderno?

Elisa: No sé, no sé....

Nicole: ¿No sabe qué...? ¿Lo perdió? (*Descubriéndolo en un rincón.*) Pero no, si está ahí.... (*Las dos se abalanzan y Elisa llega primero, lo toma y lo aprieta contra su pecho.*)

Nicole: (Tironeando.) ¡Deme aquí!

Elisa: (*Defendiendo el cuaderno.*) No sé, no sé....

Nicole: (*Arrancándoselo.*) ¿No sabe? ¿No sabe qué? (*Mirando lo que Elisa anotó.*) ¿Pero qué es esto? ¿Qué son estos garabatos?

Elisa: (*Muy rápido.*) Tengo mucha cabeza. Voy a aprender.

Nicole: (*Dándose cuenta.*) ¡No sabe escribir! ¡Dios mío! ¡Lo único que me faltaba!

Elisa: (*Recitando muy rápido.*) Amar a Dios por sobre todas las cosas, no usar su santo nombre en vano, santificar las fiestas, honrar al padre y a la madre, no matar, no fornicar, no robar, no levantar falso testimonio ni mentir, no desear la mujer del prójimo, no codiciar los bienes ajenos.

Nicole: ¿Qué hace ahora?

Elisa: El catecismo. Me lo sé todo. El padre Pablo dice que yo tengo cabeza. Que aprendo más que todas. Yo pecador me confieso a Dios todo poderoso a la bienaventurada siempre virgen María, al bienaventurado San Miguel Arcángel, al bienaventurado Juan Bautista, a los santos apóstoles San Pedro y San Pablo, a todos los santos y a vos, padre, que pequé gravemente con el pensamiento, palabra y obra. Por mi culpa, por mi culpa, por mi grandísima culpa.

Nicole: ¿De veras? ¡Vamos a ver! Ahora haga lo que debió hacer esta mañana. ¡Ponga las ciruelas en remojo! O la señorita analfabeta prefiere seguir bailando? ¡Ay, Dios mío! Y encima Madame le da alas y le hace creer quién sabe qué. ¡Ya van a bailar las dos cuando yo no esté! ¡Porque yo de vacaciones me voy, eh! ¡Me voy aunque Madame no lo crea! (*Con tono de sospecha.*) ¿Reservó la sangre?

Elisa: Sí, sí, lo hice.

Nicole: ¿Dónde está?

Elisa: (*Señalando el estante dónde están los frascos de conservas.*) Allí.

Nicole: Bien. (*Pausa.*) Ahora va a mezclar el caldo y el líquido del adobo. ¡Ah, no, no, espere! Mejor con vino tinto. Abra esa botella, sirva un tercio en una copa. (*Por la copa.*) ¡Démela aquí! Ahora el resto lo mezcla con el adobo.

Elisa: (*Por el líquido del adobo y el vino.*) ¿Los mezclo?

NICOLE: Sí. ¡No! Espere un minuto. (*Se sirve un poco más del vino que estaba reservado.*) Ahora sí. (*Elisa mezcla los líquidos y se los alcanza a Nicole.*)

NICOLE: Rociamos el conejo y.... (*Pega un grito.*).

ELISA: (*Muy sobresaltada.*) ¿Qué hice?

NICOLE: ¡La rata!

ELISA: ¿Dónde?

NICOLE: ¡Allí va! (*Señalando el estante de las conservas.*) Se metió ahí.

ELISA: (*Intentando rescatar su vestido.*)

NICOLE: (*La detiene.*) ¡Quieta! ¡No la espante! ¡Es mía!

ELISA: ¡Por favor!

NICOLE: (*Quitando uno de los frascos.*) ¡La tengo! (*Pausa.*) ¡Maldita rata! (*Retirando bruscamente otro frasco.*) ¿Aquí está? (*Se vuelca el frasco donde estaba reservada la sangre del conejo y cae sobre el vestido, manchándolo.*)

ELISA: ¡Mi vestido!

NICOLE: ¡Se escapó por un pelo!

ELISA: ¡Se arruinó!

NICOLE: Allí se metió, en ese agujero. ¡La voy a hacer paté!

ELISA: (*Desplegando el vestido ensangrentado.*) Mi vestido se arruinó.

NICOLE: ¡La salsa!

ELISA: (*Por el vestido.*) ¡Es sangre! ¡Sangre!

NICOLE: ¡Sangre! Hay que matar otro conejo. (*A Elisa.*) ¡Vaya a buscar otro conejo ya mismo! Necesito la sangre para espesar la salsa.

ELISA: ¿Y mi vestido? ¿Qué voy a hacer?

NICOLE : El vestido es lo de menos. Se lava. ¡Vaya a buscar otro conejo ya mismo!

ELISA: (*Por la mancha en el vestido.*) ¿Y si no sale?

NICOLE: Por supuesto que sale. Hay que ponerlo a remojar en agua fría. El agua, como el vino, disuelve la sangre. Y ahora vaya, ¡ya mismo! (*Elisa sale llevando contra su pecho el vestido ensangrentado.*)

NICOLE: (*Empinando el vino tinto.*) ¡Ah, le bon rouge! Disuelve la sangre... ¡y tantas otras cosas!

ESCENA 4

NICOLE: ¡Acción, Elisa, acción! ¡No hay tiempo que perder! Tenemos un invitado especial y hay mucho que cocinar. Empezaremos por los cangrejos.

ELISA: ¡Qué barullo meten estos bichos!

NICOLE: Golpean con las pinzas. (*Pausa.*) Hay que caparlos, Elisa.

ELISA: ¿Caparlos? ¿Y dónde tienen...?

NICOLE: ¿Ve este apéndice aquí debajo de la cola?

ELISA: ¿Esa cosa negra, chiquita...? ¿Qué molesta?

NICOLE: Tiene mal gusto. Se arranca así.

ELISA: (*Impresionada.*) Golpea mucho más fuerte. Se ve que sufre.

NICOLE: ¿Y qué quiere? ¿Que aplauda? (*Pausa.*) Prepararemos uno de los platos más sublimes de la cocina de la Bresse: "les ecrevisses cardinalisés de Monsieur le Prieur."

ELISA: ¿Qué?

NICOLE: Cangrejos cardinalizados del Señor Prior. Ponga a hervir el agua y cape los cangrejos. Yo me ocuparé de las alondras. (*Mientras las corta y deshuesa, canta.*) "Alouette, gentille alouette, alouette, je te plumerai, je te plumerai la tête, je te plumerai le bec. Alouette, gentille alouette...." (*Elisa lucha con los cangrejos y con su propio sufrimiento.*)

NICOLE: ¿Y? ¿Cómo va? ¿Terminó con los cangrejos?

ELISA: (*Mientras lucha con ellos.*) Casi.

NICOLE: Quiero que reduzca una salsa: vino blanco seco, aromatizado con cebollas, echalotes, tomillo, sal, perejil....

ELISA: (*Mientras sigue luchando con los cangrejos, se ve obligada, además, a memorizar los ingredientes, repite.*) Vino blanco, cebollas, tomillo, tomillo.... (*Desde afuera llega el ruido de disparos que sobresaltan a Elisa. Nicole se asoma por la ventana.*)

NICOLE: ¡Ah, ya está ahí, ya empezó, el que le calienta el seso a Madame! (*Imitando a Madame.*) ¡Ah, Medina y Olivares, usted siempre tan encantador...! Esta Madame....

ELISA: (*También asomada al ventanal.*) ¡Están disparando a los pichones!

NICOLE: Justement. El señor de Medina y Olivares es campeón de tiro al pichón. El año pasado apostó que mataría por lo menos quinientos pichones en sesenta minutos.... ¿Se fijó si está hirviendo el agua?

ELISA: Está hirviendo. ¿Y qué pasó? Con la apuesta, digo....

NICOLE: La ganó. En sesenta minutos, disparando a cuarenta y cinco metros y matando quinientos sesenta y seis pichones. Ponga a hervir los cangrejos.

ELISA: Pero... ¡están vivos!

NICOLE: (*Entre dientes.*) Tienen que hervir hasta que se pongan rojos como el traje de un cardenal....

ELISA: ¡Están vivos! (*Se oyen nuevos disparos.*)

NICOLE: Otra vez el señor de Medina y Olivares. El año pasado, pese a ganar la apuesta, se quedó con la sangre en el ojo: él habría querido cazar el ciervo que cazó Monsieur. Y este año, disputarán el jabalí. (*Imitando el tono de Monsieur.*) Nicole, me dijo Monsieur – mientraas saboreaba un rarísimo vino dorado, un Musigny blanco – Nicole, ese imbécil de Medina y Olivares jamás me ganará las magníficas defensas del alunado.

ELISA: ¡¿Las magníficas defensas del alunado?! ¿Y eso qué es?

NICOLE: Las defensas son los colmillos del jabalí. Y se le dice alunado porque le han crecido tanto que tienen forma de media luna.

ELISA: ¿Y cuánto miden?

NICOLE: Eso pregúnteselo a Monsieur. El se lo explicará con mucho gusto.

ELISA: ¿A Monsieur? Me da vergüenza.

NICOLE: Pregúntele a Funes, entonces. El también sabe.... ¿O acaso me va a decir que le da vergüenza?

ELISA: (*Pausa.*) ¿Quiere probar la salsa?

NICOLE: No está mal, no está mal.... Ahora hay que sazonarla con sal, pimienta y una pizca de cayenne.

ELISA: (*Repite para sí.*) Sal, pimienta y ¿qué?

NICOLE: El señor de Medina y Olivares jamás podrá ganarle a Monsieur. Porque Monsieur tiene a su perro, Dandy, un feroz cazador de jabalíes.

ELISA: Una pizca de... una pizca de.... (*Empeñada en recordar, Elisa prácticamente no oye lo que Nicole le ha dicho. Pero ahora se oyen nuevos disparos, corridas y lamentos. Nicole y Elisa corren hacia la ventana.*)

ELISA: ¡Hirieron a alguien! (*Corre hacia la salida.*)

NICOLE: ¿Adónde va?

ELISA: Tal vez necesiten ayuda.

NICOLE: De usted, no.

ELISA: Pero alguien tiene que....

NICOLE: Shhhhhh. El único lugar donde usted es necesaria es éste. Siga trabajando. Y rápido. Porque haya pasado lo que haya pasado, la comida debe estar lista a la una en punto. A la una en punto, Elisa. (*Sale Nicole.*)

ELISA: ¿Una pizca de qué?

ESCENA 5

NICOLE: ¡Nada mejor que una buena receta turonesa para devolver la alegría, la salud y la vida! ¿Está listo el caldo de buey?

ELISA: Sí, Nicole. Frío y desgrasado, como me pidió.

NICOLE: Bien. Las recetas turonesas, Elisa, según lo dice el gran Prosper Montagné, combinan la vitalidad y la joie de vivre rabelesianas con el espíritu de Descartes. En otras palabras: es una cocina clara, sencilla, lógica y que haría revivir a un muerto. Vaya nomás.

ELISA: Monsieur hace una semana que no se levanta de la cama.

NICOLE: Justement. "Le potage creme d'argouanne" le devolverá las ganas de vivir y de cazar.

ELISA: Trocé el conejo y puse la mitad en la olla.

NICOLE: Pero no en esa olla. No en la de aluminio.

ELISA: Ya mismo lo cambio.

NICOLE: No, déjelo. Ya se jodió. Use la otra mitad. Con ésa, le prepararé una comidita a mi rata.

ELISA: ¿A su rata?

NICOLE: Es un animal endiabladamente astuto y resistente. Se las arregla para comer, apartando el veneno. Pero como le pongo enormes cantidades, debe tragar más de lo que quiere. Vamos a ver cuánto tiempo aguanta.

ELISA: (*Conteniendo una náusea.*) ¡Pobre señor! ¿No?

NICOLE: ¿De quién habla?

ELISA: Del señor de Medina y Olivares.

NICOLE: ¡¿Pobre?! ¿Está hablando en serio? ¿Y qué habría que decir entonces de Monsieur que vio morir a su mejor perro baleado por el que creía su mejor amigo?

ELISA: Fue un accidente.

NICOLE: ¿Un accidente? Usted es muy ingenua, querida. Estoy segura de que Medina y Olivares estaba decidido a lo que fuera con tal de evitar que Monsieur cazara el jabalí alunado y se apropiara de sus magníficas defensas. (*Pausa.*) A propósito... ¿le preguntó a Funes cuánto miden los colmillos?

ELISA: (*Conteniendo una nueva náusea.*) No.

NICOLE: ¿Se siente mal?

ELISA: (*Es evidente que se siente mal.*) No.

NICOLE: Monsieur adoraba a ese perro. Sin exagerar era como el hijo que no tuvo. En fin.... ¿A qué llorar sobre la leche derramada? Ahora lo único importante es que Monsieur se reponga.

ELISA: (*Luchando con su malestar.*) Tampoco a Madame se la ve bien.

NICOLE: No. Sufre de continuas sofocaciones y calores desde que "nuestro encantador Medina y Olivares" fue echado por Monsieur a las patadas.... (*Pausa.*) Ojalá yo tuviera lo que ella necesita.

ELISA: Ya trocé el cerdo y la ternera.

NICOLE: (*Sirviéndose otro vaso de vino.*) En este vaso cabe la esencia del espíritu francés. Vamos, vamos, ¿qué le pasa?

ELISA: Nada, nada. Un mareo.

NICOLE: Hay que dormir de noche, Elisa.

ELISA: ¿Por qué me dice eso?

NICOLE: La he visto volver a las seis de la mañana. Del baile seguramente.

ELISA: ¿Me vigila?

NICOLE: Nada de eso. Trabajaba cerca de la ventana con mis gobelinos – una antigua artesanía que data del siglo XV – y aprovechaba la mejor luz: la del alba. La vi llegar, con Funes, me pareció.

ELISA: Era domingo. Puedo hacer lo que quiero con mi vida.

NICOLE: Por supuesto, por supuesto que sí. Pero, ¿sabe, Elisa? las mujeres que andan con Funes....

ELISA: Yo no ando con Funes.

NICOLE: Las mujeres que andan con Funes, terminan mal, Elisa. (*Pausa.*) Trasvase el caldo a la olla de las carnes. Con mucho cuidado. Que no se derrame ni una gota. (*Cuando Elisa está trasvasando el caldo, se marea, parece que va a desvanecerse. El caldo se derrama.*)

NICOLE: ¡Torpe! ¡Inútil! ¡Desgraciada! ¡Analfabeta! ¡Arruinó la sopa de Monsieur! Espere a que Madame lo sepa. Tendrá que darme la razón. La pondrá de patitas en la calle. (*Nuevamente parece que Elisa va a desvanecerse. Nicole la sostiene.*)

NICOLE: ¿Y ahora qué le pasa? ¿O no es suficiente con lo que ya hizo? (*Abofeteándola.*) ¡Vamos, vamos! ¡Reaccione!

ELISA: Déjeme, por favor. Ya pasó, ya pasó.

NICOLE: Esto no va a quedar así. Hablaré ahora mismo con Madame.

ELISA: Nicole, por favor, le aseguro que no volverá a pasar.

NICOLE: ¡Por supuesto que no volverá a pasar! ¡De ninguna manera volverá a pasar! No debemos perder ni un solo segundo más con usted. Esta vez, Madame me dejará elegir a mí. Aceptará que ha metido la pata hasta el caracú.

ESCENA 6

NICOLE: (*Examinando unos restos de comida.*) Esta vez dejaste los huesos limpios. Te tragaste todo el veneno. No creo que puedas resistir mucho más...

ELISA: (*Entrando.*) Buen día, Nicole.

NICOLE: Bueno, bueno.... Aquí la tenemos de nuevo. Felizmente repuesta. ¿Lista para trabajar?

ELISA: Sí, señora.

NICOLE: ¡Nicole!

ELISA: ¡Nicole!

NICOLE: Bueno, Elisa.... Siempre sospeché que algo se traía bajo el poncho. Pero no me imaginé que fuera tan gordo.

ELISA: Yo no estaba ocultando nada....

NICOLE: ¿Ah no? Si Madame lo sabía, a mí no me avisó que usted venía con regalo.... (*Pausa.*) Tengo que admitir que logró cambiarle el ánimo a Madame.... Ya ni se acuerda de Medina y Olivares. Ahora sólo piensa en su guacho, querida....

ELISA: ¡Mi hijo no es ningún guacho! ¡Tiene padre y madre para que sepa!

NICOLE: ¿Ah, sí? ¿Y se puede saber, entonces, quién... la llenó?

ELISA: (*Pausa.*) ¿Qué importa quién? Lo que importa es que muchos tenían ganas.... Con usted... ¿alguien tuvo ganas?

NICOLE: (*Interrumpiéndola, tira violentamente un pato sobre la mesada.*) ¡Desplúmelo! Hoy preparamos "canard à la rouennaise." (*Elisa se sienta en una silla y comienza a desplumar el pato. Las plumas que vuelan la hacen estornudar.*)

NICOLE: ¿Le hacen mal las plumas, no?

ELISA: No, señora.

NICOLE: (*Poniéndole una hierba debajo de la nariz.*) Huela esto. Se le va a pasar. ¿Sabe qué es?

ELISA: (*Estornudando.*) Creo que es ajedrea.

NICOLE: Sí. Muy bien. ¿Y esto?

ELISA: (*Vuelve a estornudar.*) ¿Romero?

NICOLE: Ci-lan-tro. ¿Y para qué se usa el cilantro?

ELISA: Me parece que para las carnes.

NICOLE: ¿Y para qué más?

ELISA: ¿Para las sopas?

NICOLE: Y también para los embutidos y las salsas. Huela esto ahora. ¿Lo reconoce?

ELISA: Creo que es un nombre difícil.

NICOLE: Bueno, dígalo, inténtelo.

ELISA: Enebro.

NICOLE: Eneldo, Elisa, eneldo. ¡Cuántas veces le dije que para la cocina hay que tener olfato! Sin olfato, una está perdida. (*Desde afuera llegan mugidos desesperados.*)

NICOLE: Eso es lo que se llama "instinto de madre."

ELISA: ¿De qué habla?

NICOLE: Hablo de la vaca, por supuesto. ¿Acaso no la oye?

ELISA: Hiela la sangre.

NICOLE: Sabe que van a carnearla. Los animales saben.... Debe mirarlo a Funes con esa mirada de tristeza. Pero Funes tiene el corazón duro como una piedra. No se va a conmover porque la vaca esté preñada. (*Pausa.*) ¿Oye?

ELISA: No.

NICOLE: ¿No oye el silencio? ¡Ya está! ¡Se terminaron los mugidos! Debe estar tendida, con los ojos abiertos por el espanto, clavados en Funes. Y él, ¡zás! (*Hace un gesto como de manejar un cuchillo.*)... ya le debe haber abierto la panza de un solo tajo.... (*Pausa.*) ¿Nunca comió nonato, querida? Es un manjar. Una verdadera delikatessen. Una carne blanca y tierna que se deshace en la boca. (*Elisa, que tiene una náusea, corre hacia la pileta.*)

NICOLE: ¡No me diga que se va a descomponer otra vez! (*Pausa.*) Ah, a lo mejor creyó que usted debería cocinar el nonato y en su estado.... Vamos, no se preocupe, querida. El nonato se hace a la parrilla. Y como usted sabe, aquí, de la parrilla se encarga Funes. (*Pausa.*) ¿Se siente mejor? Bueno, vamos a seguir entonces con el "canard à la rouennaise." Cuando lo abra y lo vacíe sazone el hígado con cincuenta gramos de brioche, una pizca de flor de tomillo, ajedrea, romero, dos cebollas finamente picadas, sal y pimienta. ¿Entendió, Elisa? Sazone el hígado con cincuenta gramos de brioche.... (*Baja la luz.*)

ESCENA 7

NICOLE: (*Sirviéndose una copa de sidra.*) Presiento que hoy será un gran día, Elisa. Para celebrar con una de las variedades de la sidra de Normandía. ¿Sabe cuántas clases de sidra produce la Normandía?

ELISA: (*Su embarazo ya es evidente. Mientras pela una cebolla que la hace llorar.*) Eso no me lo enseñó.

NICOLE: Pero sí le enseñé a mojar el cuchillo con agua fría. ¿O a usted le gusta llorar? (*Pausa.*) Produce veinte clases de sidra, le decía. Las hay dulces, secas, amargas, muy frutadas. Hay sidras.... (*Entra la voz de Funes cantando una milonga. Elisa se pone nerviosa. Nicole registra la reacción y empieza a hablar cada vez más fuerte como para tapar la voz del hombre.*)

NICOLE: Hay sidras tranquilas, sidras burbujeantes y sidras espumosas. Otras son ligeras y un poco picantes. Las hay de color verde pálido y las que tiran al rojo. (*Casi gritando.*) Pero la mejor sidra de todas es la sidra muerta...

ELISA: (*Muy sobresaltada, suelta lo que tiene en las manos.*)

NICOLE: Muda, quise decir, muda. Es este hombre, este hombre que no sabe qué hacer para meterse en mi cocina.

ELISA: ¿Qué le hizo, Funes, Nicole?

NICOLE: ¿A mí? Nada. ¿Y a usted?

ELISA: A mí, nada. ¿Qué me iba a hacer a mí?

NICOLE: ¿Terminó con la cebolla?

ELISA: Sí.

NICOLE: Pasemos entonces a la "hure de sanglier." En criollo, cabeza de jabalí. Usted debe haber visto la que está en el salón....

ELISA: ¿Y eso se come?

NICOLE: Esa está embalsamada, Elisa. Es un trofeo.

ELISA: Los pelos son alambre.

NICOLE: Claro. Por eso, antes de cocinar la cabeza, hay que flamearla para que no quede ni uno solo. Otra cosa. Fíjese en esto ahora. (*Tomando una tenaza con la que sostiene un hierro corto y fino.*) Este hierro, calentado al rojo vivo, se introduce en las orejas para limpiar las suciedades. Así... ¿entiende? (*Insinúa introducirlo en la oreja de Elisa.*) No se asuste, Elisa. (*Pausa.*) Tome, sosténgalo. (*Vuelve a entrar la voz de Funes. A Elisa se le cae el hierro que sostenía la tenaza.*)

NICOLE: ¿Qué le pasa? ¿Lo oye y se afloja?

ELISA: Necesito ir al baño.

NICOLE: Se mea.

ELISA: La panza me aplasta y me hace venir ganas.

NICOLE: Vaya. No sea que se haga en mi cocina. (*Sale Elisa. Nicole se sirve una copa de sidra. De pronto, descubre la rata muerta.*)

NICOLE: (*Levantándola por la cola.*) ¡Caíste preciosa! Los banquetes traen consecuencias. (*La deposita sobre la mesada. Entra Elisa.*)

NICOLE: ¡Venga, Elisa! ¡Mire! Ya decía yo que hoy sería un gran día.

ELISA: (*Pega un grito.*)

NICOLE: Vamos.... ¿Qué le pasa? No es más que una rata. Y está bien muerta. Fíjese en la panza. Mire qué hinchada está. ¿Será del veneno o estaría preñada?

ELISA: (*Conteniendo una náusea.*) Usted es... es....

NICOLE: ¿Qué? ¿Qué?

ELISA: ¡Una hija de puta! ¡Una grandísima hija de puta! (*Sale corriendo.*)

NICOLE: (*Alzando su copa de sidra.*) ¡Salud!

ESCENA 8

Nicole en la cocina afila cuchillas de distinto tamaño, mientrazs tararea "La Vie en Rose."

NICOLE: (*A Elisa que entra.*) ¡Salud, Elisa! ¿Cómo está?

ELISA: (*Seca.*) Buen día.

NICOLE: Vamos, no me diga que sigue enojada. Yo ya me olvidé de todo. Más con este día. El cielo tan azul. El jardín lleno de flores.... Vamos, no tenga rencor.... ¿Qué dice?

ELISA: Creí que el viento no dejaría de soplar jamás.

NICOLE: Pero ya ve.... Pronto empezará a hacer calor. Un calor tan insoportable como el viento. Por suerte no estaré aquí. Pero hoy es un día espléndido. Un verdadero día de primavera.

ELISA: ¿Qué se cocina hoy?

NICOLE: Hoy, nada.

ELISA: ¿Nada?

NICOLE: No. Monsieur ha partido a la caza del jabalí. Y Madame se ha ido por uno o dos días a la ciudad. Creí que lo sabía.

ELISA: No lo sabía.

NICOLE: Puede tomarse el día libre. Descansar.

ELISA: Podría ir a la ciudad.

NICOLE: ¿A la ciudad? ¿Y para qué?

ELISA: Usted dice así, porque conoce...

NICOLE: ¿Yo? Yo siempre que viajé fue por mis cursos. Me la pasaba en la cocina. No tenía tiempo para perder ni quería hacerle perder plata a Madame. Siempre elegí la habitación más barata, la de los sótanos. ¿Para qué necesitaba yo aire? Aire necesitaba la vaca para darle buena leche a Madame y a Monsieur.

ELISA: Pero, Nicole....

NICOLE: ¿Qué?

ELISA: ¿Nunca quiso algo distinto?

NICOLE: ¿Distinto?

ELISA: ¿Nunca soñó con otra vida?

NICOLE: Soñar, soñar uno siempre sueña.... Si alguna vez yo quise.... (*Pausa larga*.).

ELISA: ¿Qué quiso?

NICOLE: ¡Ah, déjeme Elisa! Me está haciendo pensar pavadas.

ELISA: Bueno, me voy.

NICOLE: Ya está. Ahora es cuestión de clavar la cuchilla en el lugar preciso...

ELISA: ¿Qué?

NICOLE: Afilada y lista para el regreso de Monsieur. Con ella cortaremos la cabeza del jabalí a la altura de los hombros.

ELISA: Hasta luego, Nicole.

NICOLE: Espere. Alcánceme esos cereales, por favor.

ELISA: (*Alcanzándoselos*.) ¿Tengo libre o no tengo libre?

NICOLE: Pero antes quiero que sepa algo. Es una nueva técnica que Madame está probando.

ELISA: ¿Para qué?

NICOLE: Hasta donde yo sé se separa a los terneros de las madres, se los alimenta exclusivamente con cereales y se los vuelve anémicos con ciertas drogas. Se consigue una carne muy blanca y muy tierna, como la de un pollito.

ELISA: ¿Y?

NICOLE: Digo que si las cosas funcionan, hasta podremos blanquearlo... a su bebé....

ELISA: ¿Qué?

NICOLE: Sí, Elisa. Volverlo blanco.

ELISA: ¡¿Por qué no se deja de joder, eh?!

NICOLE: Bueno, no se lo tome así.... Era una broma. Lo que pasa es que como el padre debe ser medio negro....

ELISA: ¿Y usted qué sabe cómo es el padre? Si no lo vio nunca, Nicolasa.

NICOLE: (*Cuando se oye llamada así, derrama los cereales que estaba mezclando y gira violentamente.*) ¡¿Cómo dijo?!

ELISA: Nicolasa.

NICOLE: (*Sorda.*) No vuelva a llamarme así.

ELISA: ¿Y cómo quiere que la llame? Si ése es su nombre.

NICOLE: Me llamo Nicole. Nicole.

ELISA: ¡Deje de hacerse la fina conmigo, quiere! Si acá todos se le ríen por detrás. Si hasta Monsieur y Madame se burlan de sus aires....

NICOLE: ¡Basura! ¡Eso es basura!

ELISA: Vamos, Nicolasa. Hija de una cocinera de estancia y de un peón golondrina que la llenó y voló. ¿O acaso me va a decir que usted conoce a su padre?

NICOLE: ¡Cállese, vaca sucia! Está hablando la misma basura que toda la manga de negros brutos que se mueren de envidia porque Madame y Monsieur....

ELISA: La mandan a dormir al sótano.

NICOLE: ¡Basta! Sus mentiras huelen a bosta. La misma bosta donde usted se revuelca con todos los que quieren sobarla. Y yo le voy a arrancar las negras entrañas con bastardo y todo y se las voy a hacer comer en pedacitos. Y le voy a.... ¡No se mueva de ahí! ¿Adónde cree que va?

ELISA: ¿Tengo el día libre?

NICOLE: Ya no. Monsieur estará de regreso mañana. Quiero agasajarlo con una terrina de mirlos. ¡Elisa! ¡Elisa! ¿Me está oyendo? (*Sin hacerle caso, Elisa sale corriendo.*)

NICOLE: Vaca. Sucia vaca asquerosa. Yo te voy a... te voy a.... (*Toma la cuchilla de decapitar jabalíes y la clava con furia sobre la mesada.*)

ESCENA 9

Elisa en la cocina. De afuera llega el rumor de movimientos y voces. Ella está atenta a lo que pasa fuera. Entra Nicole muy agitada.

NICOLE: ¿Por qué está sin hacer nada? Acá están los mirlos trozados. ¿Ya picó el hígado, el tocino y la manteca? ¡Vamos! Tiene que hacerlo en las mismas proporciones.

ELISA: Pero... ¡no me diga que va a cocinar después de lo que pasó!

NICOLE: Vamos a cocinar. ¿O tiene alguna idea mejor?

ELISA: ¡¿Cómo puede pensar en cocinar?! ¡No puedo entender!

NICOLE: No tiene nada que entender. Tiene que apurarse. Vendrá mucha gente a dar el pésame. Habrá que atenderla, darle de comer.... Madame ya habrá recibido el telegrama que le mandamos y estará aquí de un momento a otro. Yo la conozco. Exigirá que agasajemos a los que lleguen como Monsieur habría querido.

ELISA: ¡Pero cómo Madame...!

NICOLE: ¡Basta de charla! ¡No debemos perder ni un minuto más! Además de la terrina de mirlos, prepararemos manitas de cordero a la poulette. Habrá que escalfar las manitos en un blanco y eso llevará unas tres horas.

ELISA: ¿Por dónde empiezo?

NICOLE: ¡Por el picadillo! ¿No se lo dije? ¡Vamos, Elisa! ¿Qué espera? Mañana esto será un desfile continuo de gente. (*Pausa.*) Lástima que Monsieur no podrá verlo. (*Llorando.*) ¡Pobre Monsieur!

ELISA: Era un gran cazador, ¿no?

NICOLE: ¡Era un gran...! (*Se tienta y trata de controlarse.*) El, que deseaba tanto cazar al alunado.... ¡Pobre Monsieur! ¿Preparó el picadillo?

ELISA: No.

NICOLE: ¿Que está esperando, me quiere decir? Monsieur adoraba la terrina de mirlos.

ELISA: ¿Cómo fue, Nicole? ¿Cómo pasó?

NICOLE: Funes me lo contó todo. Con lujo de detalles. (*Pausa.*) Cuando termine con el picadillo quiero que flambee las manitas de cordero. (*Pausa.*) ¿De verdad quiere saber? En su estado, francamente...

ELISA: Dígame. ¿Qué pasó?

NICOLE: Si se empeña. (*Ensartando un trozo de mirlo con la tijera y exhibiéndolo en alto.*) ¡Lo ensartó, Elisa! ¡El alunado lo ensartó! Le hundió en los huevos sus magníficas defensas y se lo llevó montado en una carrera desbocada. El pobre Monsieur fue dejando en las zarzas y los espinos girones sanguinolentos mientras la jauría corría enloquecida detrás del alunado... (*se tienta de risa*)... y de su involuntario jinete. ¿Se lo imagina, Elisa? Iba montado al revés, capado y agarrado con uñas y dientes al culo de la bestia. Cuando el cuerpo cayó, por fin, a tierra, los perros furiosos se lanzaron sobre él y lo destrozaron.

ELISA: ¡Es horrible, horrible!

NICOLE: (*Secándose las lágrimas.*) Bien, Elisa. Sigamos con lo nuestro.

ELISA: ¿Lo nuestro?

NICOLE: La terrina, Elisa.

ELISA: ¡Cocinar! ¡¿Cómo puede pensar en cocinar con lo que pasó?!

NICOLE: Cumplo con mi deber, Elisa. Y usted, debe cumplir con el suyo. Vaya mezclando los mirlos con el picadillo.

ELISA: ¿No me dijo que flambeara las manitos? ¿Qué hago?

NICOLE: ¡Las dos cosas, Elisa!

ELISA: No puedo dejar de pensar en Madame, ¿cómo lo tomará?

NICOLE: (*Echándose a llorar nuevamente.*) ¿Cómo lo tomará, dice? ¡Yo sé muy bien cómo va a tomarlo! Lo primero que hará será suspender mi viaje. ¡Maldita, maldita bestia!

ELISA: Cálmese, Nicole. Más adelante...

NICOLE: ¿Más adelante? No sabe lo que dice. Ahora Madame se agarrará de mí como una garrapatas. (*Se echa a reír nuevamente.*) ¡Pobre Monsieur! Pensar que él quería quedarse con las defensas del jabalí... y el jabalí, el jabalí fue el que se quedó con sus enormes.... (*La risa no la deja seguir.*)

ELISA: ¡Basta, Nicole, basta! ¡Está loca!

NICOLE (*Recomponiéndose.*) Bien. Bajaré a la bodega. Es hora de ocuparse del vino. ¿Cuál es el ideal para la terrina de mirlos?

ELISA: ¡Y yo qué sé!

NICOLE: Aprenda, Elisa, aprenda. El que Monsieur habría elegido para acompañar este plato. Un tinto o un rosado de Córcega. Bajaré a buscarlo y brindaremos por Monsieur... (*vuelve a reír*)... y también, cómo no, por los "magníficos trofeos" con que se quedó el jabalí.... (*Sale ante la mirada atónita de Elisa.*)

ESCENA 10

NICOLE: (*Mientras corta los cuellos de cordero.*) ¿Ve, Elisa? Así se cortan los extremos. Luego se los ata con un hilo como éste. Tiene que ser de cáñamo. Se los rodea de dos lonjas de tocino y se los pone a hervir. ¿Está lista el agua?

ELISA: Está a punto de hervir. (*Pausa.*) Madame no se lo tomó tan mal, ¿no?

NICOLE: Mucho mejor de lo que pensé.

ELISA: Primero estuvo muy ocupada en darle de comer a la gente que desfiló....
    Y ahora se dedica todo el tiempo a los terneros.
NICOLE: Lo que más ilusionada la tiene es el nacimiento de su ternerito. Le ha
    preparado un ajuar completo. Debe pasar la noche tejiendo. (*Pausa.*) Fíjese
    si rompió el hervor.
ELISA: Sí.
NICOLE: Entonces agregue al agua cuatro cebollas, tres zanahorias, un ramito
    de perejil, tomillo y los menudos del cordero.
ELISA: ¿Cuánto tiempo tiene que hervir todo?
NICOLE: Unas dos horas a fuego lento.
ELISA: Así que usted y Madame viajarán.
NICOLE: Madame quiere aprender más sobre el blanqueado de terneros.
ELISA: Le dije que su viaje no se perdería.
NICOLE: No es lo mismo viajar sola que con Madame.
ELISA: Nicole.... (*Pausa.*) Hay algo que quiero decirle...
NICOLE: La escucho.
ELISA: Estuve pensando que usted ya no me necesita.
NICOLE: ¿Qué quiere decir?
ELISA: Que me voy.
NICOLE: ¿Está bromeando?
ELISA: No. (*Pausa.*) Necesito irme.
NICOLE: "Necesito."... ¿Qué quiere decir "necesito"?
ELISA: Eso. Que me voy.
NICOLE: Y lo dice así, tan fresca! ¿Usted cree que yo me he dedicado todos estos
    meses a enseñarle, paso a paso, todos los secretos de la cuisine à l'ancienne,
    para que ahora, así, tan alegremente, me diga que se va?
ELISA: ¿Para qué me quieren? Madame también se va.
NICOLE: ¿Y lo que le enseñé? ¿Lo que le transmití? Aquí usted se ha alimentado
    del espíritu de los grandes: Casimir, Prosper, Montagné, el gran Curnosky,
    príncipe de los gastrónomos. Aquí, el poco olfato que tiene, se ha cultivado
    para diferenciar los aromas de las especias. Aquí se ha hecho hábil en los
    cortes precisos.... ¡¿Y todo para qué?! ¡Para que vuelva a su pueblo, a cocinar
    el lechón!
ELISA: ¡No voy a cocinar nada! ¡No quiero cocinar! ¡Estoy hasta aquí de su...
    (*pronunciando muy mal*)... "cuisine a l'ancienne"....
NICOLE: (*Imitando el tono de Elisa y ridiculizándolo*) "Quiero aprender, Nicole,
    quiero aprender. Ser una gran cocinera como usted...." ¡Joder, quería! ¡Eso
    quería!

ELISA: Quería encontrar al padre de mi hijo.

NICOLE: ¿Al padre de su hijo?

ELISA: El se vino para acá sin saber que yo estaba embarazada. Llegué buscándolo porque tenía noticias de que trabajaba en un campo cercano. (*Pausa.*) Funes me ayudó.... Pero antes de poder verlo, mi novio se fue más al sur....

NICOLE: ¿Y qué va a hacer? ¿Correr detrás de él con esa panza?

ELISA: Es el padre de mi hijo.

NICOLE: Ni siquiera sabe que está embarazada.

ELISA: Es el padre.

NICOLE: ¿Y si no lo encuentra? ¿Qué va a hacer, eh?

ELISA: Tengo que encontrarlo.

NICOLE: ¿Por qué? Si no lo encontró hasta ahora.... ¿Y si él no quiere al chico? ¿Pensó en eso? ¿Qué va a hacer sola en medio del campo? ¿Parir como una vaca?

ELISA: Lo voy a encontrar.

NICOLE: Escúcheme. ¿Por qué no se queda acá hasta que el bebé nazca? Es lo mejor. Después ya tendrá tiempo de correr detrás del otro. Usted sabe que Madame la va a cuidar como a una hija....

ELISA: No.

NICOLE: ¿No? ¿Dice que no? ¡Desagradecida! ¡Con todo lo que Madame hizo por usted! ¡Con todo lo que le dio!

ELISA: Voy a hablar con Madame. Ella me va a entender. Siempre fue muy buena conmigo.

NICOLE: ¡Y por eso usted le paga así!

ELISA: Necesito irme.

NICOLE: "Necesito irme, necesito irme." ¿No sabe decir otra cosa? ¡Desagradecida y egoísta! Sólo piensa en usted. ¡Pobre Madame! ¡Hacerla sufrir como una perra sólo porque a usted se le ocurre arrancarle esa criatura!

ELISA: Usted no entiende, no entiende.... Yo, yo... necesito irme.... (*Sale intempestivamente.*)

ESCENA 11

(*Nicole afila la cuchilla de decapitar jabalíes. Entra Elisa vestida como para viajar.*)

ELISA: Bueno.... Vengo a despedirme.

NICOLE: (*Siempre afilando la cuchilla.*) Usted siempre se sale con la suya...

ELISA: No, no siempre. (*Pausa.*) ¿Van a salir a buscar al jabalí?

NICOLE: Al alunado. (*Pausa.*) ¿Quién la lleva?

ELISA: Funes. Madame se lo pidió.

NICOLE: Hizo bien. ¿Madame le regaló el ajuar?

ELISA: Sí, es precioso. Todas las batitas bordadas a mano.... Madame es tan buena...

NICOLE: Tome, le preparé esto: es un postre típicamente parisino. "Puentes de amor," se llama. Es una pasta hojaldrada y crocante, con confitura de frambuesa casera, bien roja y espesa.

ELISA: Gracias.

NICOLE: Llévela con cuidado, es frágil. (*Pausa.*) ¿Cómo sabremos si fue nena o varón?

ELISA: Le mandaré a avisar a Madame. (*Pausa.*) Bueno, adiós.

NICOLE: Adiós. (*A Elisa que ya está saliendo.*) ¡Elisa!

ELISA: ¿Sí?

NICOLE: Fíjese que Funes no se desvíe del camino.

ELISA: No se preocupe. Adiós.

NICOLE: Adiós.

ESCENA 12

Nicole ensangrentada. Ha terminado de decapitar el jabalí alunado. Con el hierro al rojo vivo limpia las suciedades de nariz y orejas mientras tararea "La Vie en Rose." De afuera llega el llanto de un bebé. Nicole se limpia las manos con un trapo y sale. Vuelve a entrar con un cochecito.

NICOLE: Bueno, bueno.... ¡Qué escándalo! Me parece que tenemos hambre. Ya está lista tu comidita. (*Toma de una olla una mamadera y prueba la temperatura en su mano.*) Vamos a ver.... (*Toma al bebé en sus brazos y empieza a darle.*) Mmm, ¡qué hambre! ¡Con qué ganas comemos! Así me gusta, así me gusta. Desde que naciste, supe que tendrías buen apetito. Apenas te vi, allí, en medio del camino donde el hojaldre crocante, deshecho de "los puentes de amor" se mezclaba con la tierra, se pegoteaba a tu pelito mojado. Le había dicho a ella que tuviera cuidado. Le había dicho: "los puentes de amor son frágiles." Pero no quiso oírme. "Fíjese que Funes no se desvíe del camino," le había dicho.... Funes tiene el corazón duro como una piedra. No se iba a conmover porque ella estuviera.... Madame se lo pidió. Madame le pidió a Funes que la... llevara. Cuando te vi, ella ya había dejado de gritar y tenía la mirada clavada en Funes. La misma mirada de la vaca.... Llorabas. Te levanté en mis brazos. Te limpié con la batita blanca – la batita que Madame había bordado con tanto amor – te limpié las manchas rojas, viscosas como mermelada de frambuesa. En fin.... No importa.... No importa que ella se haya ido. Madame y yo te vamos a cuidar mucho. Para que crezcas sano y fuerte. ¡Mm, qué bien, pero qué bien! ¡Te la tomaste toda! Así me gusta. Y ahora te vas a dormir como un nene bueno. Porque tengo mucho que hacer, mucho que cocinar. (*Lo acuesta en el cochecito.*) ¿Sabés? Es mejor que tu mamá se haya ido.... Nunca hubiera sido una buena cocinera.... Le faltaba olfato. (*Entra la voz de Funes cantando una milonga. Nicole empuja el cochecito hasta colocarlo debajo de una liebre que cuelga, desangrándose. Apagón.*)

Estudios generales

Adler, Heidrun y Adrián Herr, eds. *Extraños en dos patrias. Teatro latinoamericano del exilio*. Frankfurt/Madrid: Vervuert/Iberoamericana, 2003: 213 p.

Albuquerque, Severino. *Violent Acts*. Detroit: Wayne State UP, 1991.

Dauster, Frank D. *Perfil generacional del teatro hispanoamericano* Ottawa: Girol Books, 1993.

_____, ed. *Perspectives on Contemporary Spanish American Theatre*. Lewisburg: Bucknell UP, 1996.

Dubatti, Jorge. *El nuevo teatro de Buenos Aires en la postdictadura 1983-2000*. Buenos Aires: Centro Cultural de la Cooperación, 2002: 399 p.

_____. *Poéticas de iniciación: Nueva dramaturgia argentina*. Buenos Aires: Atuel, 2006: 252 p.

Eidelberg, Nora. *Teatro experimental hispanoamericano 1960-80. La realidad social como manipulación*. Minneapolis: Institute for the Study of Ideologies and Literatures, 1985.

Foster, David William. *The Argentine Teatro Independiente, 1930-1955*. York, S.C.: Spanish Literature Publishing Company, 1986: 143 p.

Graham-Jones, Jean. *Exorcising History: Argentine Theatre under Dictatorship*. Lewisburg: Bucknell, 2000: 259 p.

Larson, Catherine. *Games and Play in the Theater of Spanish American Women*. Louisberg: Bucknell UP, 2004: 216 p.

Luzuriaga, Gerardo. *Introducción a las teorías latinoamericanas de teatro. 1930 al presente*. Puebla: Universidad Autónoma de Puebla, 1990.

Meléndez, Priscilla. *La dramaturgia hispanoamericana contemporánea: Teatralidad y autoconsciencia*. Madrid: Pliegos, 1990.

Meléndez, Priscilla. *The Politics of Farce in Contemporary Spanish American Theatre*. Chapel Hill: North Carolina Studies in the Romance Languages and Litedratures, 2006: 227 p.

Milleret, Margo. *Latin American Women on/in Stages*. Albany. State U New York P, 2004: 263 p.

Misemer, Sarah. *Secular Saints: Performing Frida Kahlo, Carlos Gardel, Eva Perón and Selena*. Woodbridge: Tamesis, 2008: 183 p.

Pellettieri, Osvaldo, ed. *Escena y realidad*. Buenos Aires: Galerna, Facultad de Filosofía y Letras, 2001: 303 p.

_____. Edición, estudio preliminar y dirección. *Teatro argentino y crisis* (2001-2003). Buenos Aires: Eudeba, 2004: 279 p.

_____, ed. *Teatro, memoria y ficción*. Buenos Aires: Galerna, Fundación Roberto Arlt, 2005: 352 p.

_____. *Una historia interrumpida: Teatro argentino moderno (1949-1976)*. Buenos Aires: Galerna, 1997.

Perales, Rosalina. *Teatro hispanoamericano contemporáneo, 1967-1987*. 2 vols. México: Grupo Editorial Gaceta, 1989-1993.

Proaño-Gómez, Lola. *Poética, política y ruptura. Argentina 1966-73*. Buenos Aires: Atuel, 2002: 206 p.

_____. *Poéticas de la globalización en el teatro latinoamericano*. Irvine: Ediciones de Gestos, Colección Historia del Teatro 10, 2007: 223 p.

Puga, Ana Elena. *Memory, Allegory and Testimony in South American Theatre*. Upstaging Dictatorship. New York and London: Routledge, 2008: 284 p.

Reverte Bernal, Concepción. *Teatro y vanguardia en Hispanoamérica*. Frankfurt/Madrid: Vervuert/Iberoamericano, 2006: 189 p.

Rizk, Beatriz J. *Teatro y diáspora. Testimonios escénicos latinoamericanos*. Irvine: Ediciones de Gestos, Colección Historia del Teatro 7, 2002: 200 p.

Taylor, Diana. *Disappearing Acts: Spectacles of Gender and Nationalism in Argentina's "Dirty War."* Durham and London: Duke UP, 1997.

_____. *Theatre of Crisis: Drama and Politics in Latin America*. Lexington: U of Kentucky P, 1991.

_____ y Juan Villegas, eds. *Negotiating Performance: Gender, Sexuality and Theatricality in Latin America*. Durham: Duke UP, 1994.

Versényi, Adam. *Theatre in Latin America: Religion, politics and culture from Cortés to the 1980s*. Cambridge University Press, 1993.

Villegas, Juan. *Ideología y discurso crítico sobre el teatro de España y América Latina*. Minneapolis: Prisma Institute, 1988.

_____. *Para la interpretación del teatro como construcción visual*. Irvine: Ediciones de Gestos, 2000.

_____. *Para un modelo de historia del teatro*. Irvine: Ediciones de Gestos, 1997.

Roberto Cossa

Obras

1964	Nuestro fin de semana	1985	Los compadritos
1966	Los días de Julián Bisbal	1987	Yepeto
1966	La ñata contra el libro	1987	El sur y después
1967	La pata de la sota	1991	Angelito
1971	Tute cabrero	1993	Lejos de aquí
1970	El avión negro (colaboración)	1994	Viejos conocidos
1977	La nona	1995	Viejos gauchos judíos
1979	No hay que llorar	1997	Los años difíciles
1979	El viejo criado	1997	El saludador
1981	Gris de ausencia	2000	Pingüinos
1981	Ya nadie recuerda a Frederic	2002	Historia de varieté
	Chopin	2009	Cuestión de principios
1984	De pies y manos		

Bibliografía selecta

Basabe, Omar. "*El avión negro*: El discurso político implícito en la parodia a una irrealidad grotesca." *Confluencia* 11.1 (1995): 163-72.

Bulman, Gail. "Humor and National Catharsis in Roberto Cossa's *El saludador.*" *Latin American Theatre Review* 36.1 (Fall 2002): 5-18.

Ciria, Alberto. "Variaciones sobre la historia argentina en el teatro de Roberto Cossa." *Revista Canadiense de Estudios Hispánicos* 18. 3 (1994): 445-53.

Cossa, Roberto. "Teatro Abierto: Un fenómeno antifascista." *Cuadernos Hispanoamericanos* 517-19 (1993): 529-32.

Cristafio, Raúl. "*Gris de ausencia* de Roberto Cossa y la resistencia teatral en Argentina." *Cultura Latinoamericana*, Annali. 1-2 (1999-2000): 87-100.

Giella, Miguel Angel. "Aportaciones a la lectura de *La nona* de Roberto Cossa." *Primer Acto* 237 (1991): 119-27.

_____. "Inmigración y exilio: El limbo del lenguaje." *Latin American Theatre Review* 26.2 (Spring 1993): 11-21.

Jarque, Francisco. "El tango como intertexto en la creatividad de *El viejo criado.*" *Revista Canadiense de Estudios Hispánicos* 15.3 (1991): 465-481.

Pellettieri, Osvaldo, "Roberto Cossa: A treinta años de *La Nona*," *Teatro XXI* 24 (otoño 2007): 46-49.

Pellettieri, Osvaldo. "Presencia del sainete en el teatro argentino de las últimas décadas." *Latin American Theatre Review* 20.1 (Fall 1986): 71-77.

Poujol, Susana. "*Yepeto*: Una poética de la escritura,"*Espacio de Crítica e Investigación* 1. 4 (1988).

Prevedí, Roberto. "América deshecha: El neogrotesco gastronómico y el discurso del fascismo en *La nona* de Roberto M. Cossa." *Teatro argentino durante El Proceso.* Buenos Aires: Vinciguerra, 1992.

Woodyard, George. "The Theatre of Roberto Cossa: A World of Broken Dreams." *Bucknell Review* 40. 2 (1996): 94-108.

_____. "*Yepeto* de Cossa: Arte y realidad," in *El teatro y sus claves: Estudios sobre teatro iberoamericano y argentino*, ed. Osvaldo Pellettieri. Buenos Aires: Galerna (1996): 87-92.

Zayas de Lima, Perla. "*El viejo criado* de Roberto Cossa, una relectura" *Teatro XXI*, VIII. 15 (primavera 2002). 16-20.

Eduardo Rovner

Obras

1976	Una pareja: Qué es tuyo y qué es mío	1997	Alma en pena
1977	¿Una foto…?	1999	Sócrates, el encantador de almas
1978	La máscara	2000	La mosca blanca
1981	Ultimo premio	2000	La flauta mágica (versión infantil)
1983	Concierto de aniversario		
1985	Sueños de náufrago	2001	La nona (versión musical de la obra de Roberto Cossa)
1989	Y el mundo vendrá		
1991	Cuarteto	2001	Almas gemelas (basada en Compañía)
1992	Lejana tierra mía		
1993	Carne	2004	Teodora y la luna
1993	Volvió una noche	2005	Fuego en Casabindo (libreto para ópera)
1994	Tinieblas de un escritor enamorado		
		2007	El otro y su sombra
1995	Compañía (más tarde, Almas gemelas)	2007	Finales Felices!
		2008	La sombra de Federico

Bibliografía selecta

Arlt, Mirta. "Teatro de un mundo sin modelos heroicos: Eduardo Rovner." *El teatro y sus claves. Estudios sobre teatro iberoamericano y argentino.* Osvaldo Pellettieri, ed. Buenos Aires: Editorial Galerna, Facultad de Filosofía y Letras (UBA), 1996: 69-76.

Azor, Ileana. "Latinoamérica y su dramaturgia: Acercamiento a la obra de Rovner." *Tablas* 1 (1995): 33-38.

Bixler, Jacqueline. "Metaphor and History in the Theater of Eduardo Rovner." *Ollantay Theater Magazine* X.20 (2002): 6-14.

Dubatti, Jorge. "Imagen e idea en el teatro de Eduardo Rovner." en E. Rovner, *Teatro.* Buenos Aires: Corregidor, 1989: 199-204.

_____. "El teatro de Eduardo Rovner: La imagen del hombre." *Teatro 2.* I. 1 (1991): 44-48.

_____. "Teoría y prácticas teatrales en la obra de Eduardo Rovner." *AAVV. Actas de las Segundas Jornadas de Teoría e Historia de las Artes.* Buenos Aires: Editorial Contrapunto y CAIA, 1990: 280-289.

Giella, Miguel Angel. "El triunfo de la imagen sobre la idea." *De dramaturgos: Teatro latinoamericano actual.* Buenos Aires: Corregidor, 1994: 109-17.

_____. "Lo gestual y el proceso de mímesis paródica. *El acompañamiento* de Carlos Gorostiza y *Concierto de aniversario* de Eduardo Rovner." Teatro XXI 24 (otoño 2007): 46-49.

Magnarelli, Sharon. "Out of Place: Space as Trope in Recent Argentine Theatre." *Latin American Theatre Review* 40.1 (Fall 2006): 21-38.

Pellettieri, Osvaldo. "*Compañía* de Eduardo Rovner o el cuestionamiento simpático." *Primer Acto* 248 (marzo-abril 1993): 86-88.

_____ "Historia de un hombre y de un golpe y Eduardo Rovner. *Gestos* 18. 35 (abril 2003) ¿??

_____. "La obra dramática de Eduardo Rovner y el sistema teatral argentino." *Teatro argentino contemporáneo (1980-1990). Crisis, transición y cambio.* Buenos Aires: Galerna, 1994: 123-138.

Rizk, Beatriz. J. "La fragmentación de la(s) ideología(s) y su efecto en las prácticas culturales e interpretativas de una dramaturgia comprometida: Dragún, Guarnieri, Vianna filho y Rovner, " *LATR* 38.1 (Fall 2004): 39-59.

Sagaseta, Julia Elena. "*Concierto de aniversario* y *Cuarteto* de Eduardo Rovner: El poder de la imagen." *Teatro argentino durante el proceso, 1976-1983.* Buenos Aires: Vinciguerra, 1992.

Strichartz, Ariel. "Consuming Argentina in the Name of Love: Cannibalism and Holy Communion in *Carne* by Eduardo Rovner," *LATR* 42.1 (Fall 2008): 33-47.

Woodyard, George. "Eduardo Rovner's Theater: Questions of Values with Humor." *Ollantay Theatre Magazine* XV. 20 (2002): 15-22.

_____. "Sombras y muerte: El teatro reciente de Eduardo Rovner." *Tendencias críticas en el teatro*, Osvaldo Pellettieri, ed. Galerna: Facultad de Filosofía y Letras (UBA), Fundación Roberto Arlt, 2001: 209-215.

Lucía Laragione

Obras

1995	Cocinando con Elisa
1997	La fogarata
1998	El silencio de las tortugas
2001	1° de mayo
2002	Criaturas de aire
2003	El ganso del Djurgarden
2005	El reino de las imágenes nítidas

Bibliografía selecta

Garavito, Lucía. "Receta básica de *Cocinando con Elisa*: Ingredientes a la Grimm en una caldera argentina." *Latin American Theatre Review* 38.2 (Spring 2005): 5-22.

Hernández, Paola. "Espectáculos violentos: Xenophobia y genocidio en *Criaturas de aire* de Lucía Laragione." *Teatro XXI* 26 (otoño 2008): 59-65.

Namaste, Nina. "Violence in the Kitchen: Delineating Identities in *Cocinando con Elisa* by Lucía Laragione." *Monographic Review/Revista Monográfica* 21 (2005): 231-44.

Persino, María Silvina. "*Criaturas de aire* y *La Madonnita*: La palabra como rehén." *Conjunto* 147 (abril-junio 2008): 52-58.

Strichartz, Ariel. "Consuming Violence and the Feminine Body: Cooking and Dictatorship in Lucía Laragione's *Cocinando con Elisa*." *Gestos* 20.39 (April 2005): 91-106.